中1
中2
在籍者の70%が早慶高以上の難関校へ進学する特訓クラス

中1S・特訓クラス選抜試験 無料

9/8(土)

試験科目▶[中1]3科目(英語・数学・国語) ※各科目50分
[中2]5科目(英・数・国・理・社)または3科目(英・数・国)
※英数国／各50分、理社／各30分　※5科目受験/3科目受験を選択してください。
試験会場▶早稲田アカデミー各校舎

中2
開成・慶女・国立附属高を目指す中学2年生のためのハイレベル無料公開模試

開成・慶女・国立Jr.オープン模試 無料

9/24(祝)

試験時間▶[5科]8:00～13:10
[3科]8:00～11:00
試験会場▶ExiV渋谷校・ExiV西日暮里校

中2必勝ジュニア 8/27(月) 申込締切 (9月実施分)

「まだ中2だから……」なんて、本当にそれでいいのでしょうか。もし、君が高校入試で早慶など難関校に『絶対に合格したい!』と思っているならば、「本気の学習」に早く取り組んでいかなくてはいけません。合格に必要なレベルを知り、トップレベルの問題に対応できるだけの柔軟な思考力を養うことが何よりも重要です。さあ、中2の今だからこそトライしていこう!

▶必勝ジュニアの特長

- 中3必勝コースのエキスパート講師が指導
- 難関高校の入試問題レベルの内容を扱います
- 難関校を目指すライバルに差をつけます
- 1つのテーマを集中授業で完璧にします
- 近隣校舎のライバルと切磋琢磨できる環境

[科目] 英語・数学　[時間] 13:30～18:45
[日程] 9/16・9/23、10/7・10/21 ※2回セットでの講座です
[料金] 1ヶ月16,000円(教材費込み・税込み)
[会場] ExiV渋谷校・ExiV西日暮里校・立川校・船橋校・北浦和校・武蔵小杉校
※会場は変更になる場合がございます。

お電話で 0120-97-3737　スマホ・パソコンで 早稲田アカデミー 検索

Success15 fifteen
http://success.waseda-ac.net/

CONTENTS

8
サクセス15
August 2018

表紙：豊島岡女子学園高等学校

こんなところにあってビックリ!?

じつはユニークな大学の博物館

　今回の特集では、大学の博物館を紹介します。中学生のみなさんのなかには知らない人も多いかもしれませんが、さまざまな大学において、その大学が所持している学術資料などが見られる博物館等の施設があります。こうした施設では、各大学での研究成果を広く一般の方々に公開することがめざされ、標本や発掘品等、美術品、大学の歴史にまつわる資料など、展示内容もそれぞれに特色があります。しかも、多くは大学のキャンパス内にあるので、大学の雰囲気を知ることもできるうえに、ほとんどの施設が無料で見られます。楽しみながら学べる場所としておすすめの大学の博物館。まもなくやってくる夏休みに行ってみませんか。

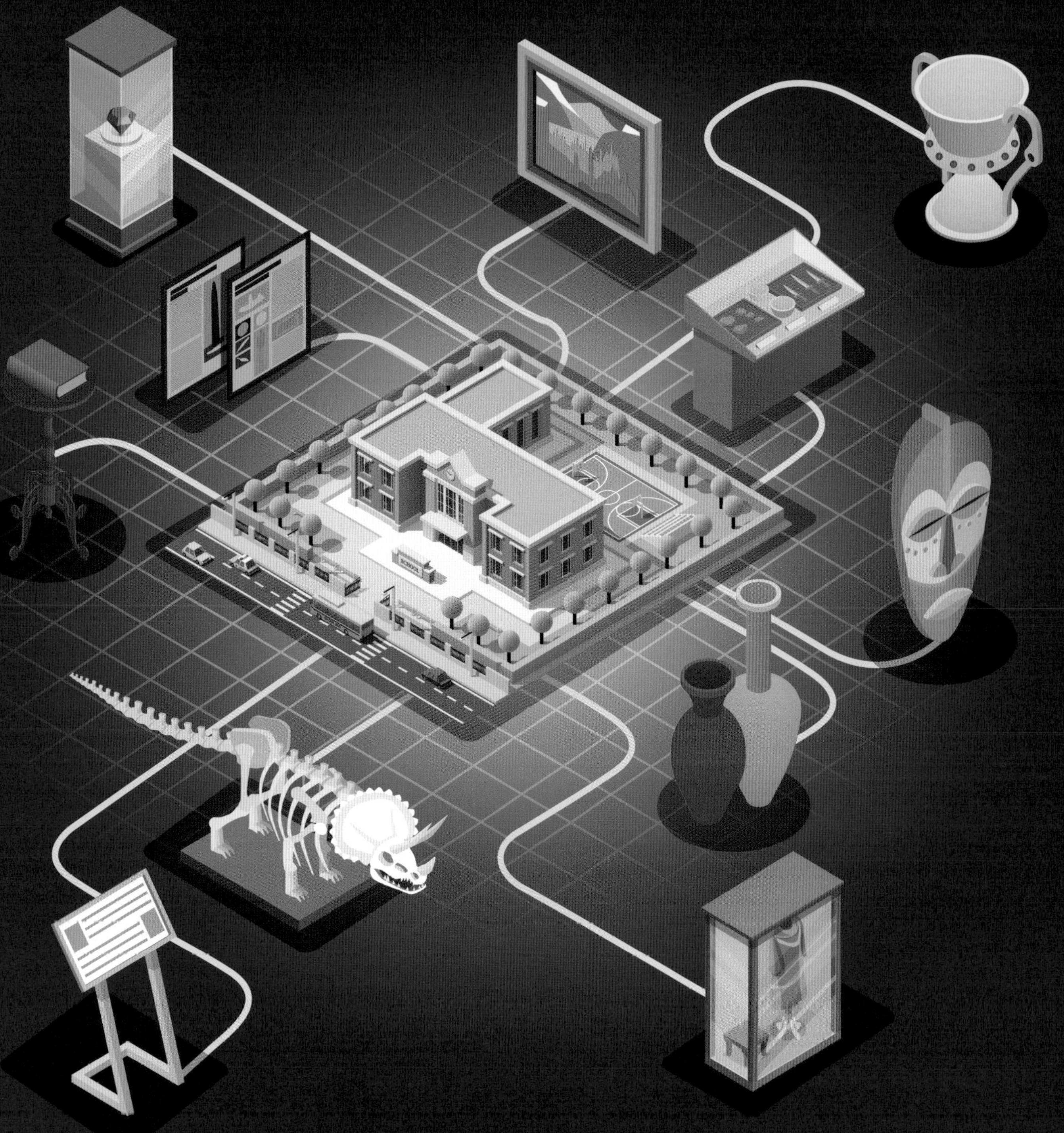

東京大学

●東京大学総合研究博物館

東京大にあるさまざまな博物館等の公開施設から、東京大学総合研究博物館・本郷本館を取材しました。

東京大学

1877年（明治10年）創立の歴史を持つ、日本を代表する国立大。内閣総理大臣、宇宙飛行士、ノーベル賞受賞者など、多方面に優秀な人材を送り出している。

本部所在地

東京都文京区本郷7-3-1

キャンパス

本郷・弥生、駒場、柏など

学　部

法学部、医学部、工学部、文学部、理学部、農学部、経済学部、教養学部、教育学部、薬学部

1 東京大学総合研究博物館 本郷本館
2 来場者を出迎えるコレクションボックス。多種多様な資料が展示され、東京大の研究資産の広がりを感じさせる
3 炭素同位体を使い物質の年代を計測する加速器質量分析装置（AMS）

東京大学総合研究博物館　本郷本館

創学以来蓄積された学術資料を展示
東京大での研究の広がりに触れる

赤門や安田講堂など、東京大を象徴するスポットがある東京大本郷キャンパス。そんな本郷キャンパス内にあるのが、東京大学総合研究博物館・本郷本館です。

東京大学総合研究博物館では、明治の創学以来、多くの研究者により蓄積された学術資料のうち、300万点以上を収蔵しています。本郷本館はこうした膨大な数の資料の一部を一般に公開している博物館です。

2016年（平成28年）にリニューアルオープンした館内は、常設展を中心に構成され、一部のスペースでは特別展も行われています。特任助教の小髙敬寛さんと久保泰さんにお話を伺いました。

建物入口から博物館に入ると、大きなガラスケースにたくさんの資料が展示されたコレクションボックスが出迎えてくれます（写真**2**）。

「多分野のものをあえて1つのボックスに入れることで、東京大の学問の伝統と広がりを表現しています。その右の、壁際に設えられた標本回廊では、太陽系の始まりから生物・人類の進化、そして文明の登場というように、時間の流れに沿ってさまざまなコレクションを展示しています（写真**4 5**）」（小髙さん）

さらに進むと、展示は生物、文化史、海外フィールドワークなど、コーナーごとに多彩な内容が展開されます（写真**7**〜**10**）。特に目をひく

4 壁際に設置された標本回廊。奥にいくほど時代が進んでいく
5 展示ケースの上下もすべて収納スペースで、一部の引き出しは開けてみることができる

今回紹介した東京大の博物館

東京大学総合研究博物館 本郷本館

所在地
東京都文京区本郷7-3-1
（東京大本郷キャンパス内）

アクセス
都営大江戸線「本郷三丁目駅」徒歩３分、
地下鉄丸ノ内線「本郷三丁目駅」徒歩６分

開館時間
10:00〜17:00

休館日
土曜・日曜・祝日、年末年始、
その他館が定める日

URL
http://www.um.u-tokyo.ac.jp/

総合研究博物館　小石川分館

所在地
東京都文京区白山3-7-1

アクセス
地下鉄丸ノ内線「茗荷谷駅」徒歩８分

開館時間
10:00〜16:30

休館日
月曜・火曜・水曜（祝日の場合は開館）、
年末年始、その他館が定める日

URL
http://www.um.u-tokyo.ac.jp/architectonica/index_jp.html

JPタワー学術文化総合ミュージアム インターメディアテク

所在地
東京都千代田区丸の内2-7-2
ＫＩＴＴＥ２・３階

アクセス
JR山手線ほか「東京駅」徒歩1分、
地下鉄丸ノ内線「東京駅」地下道直結

開館時間
11:00〜18:00（金曜・土曜は20:00まで）

休館日
月曜（祝日の場合は開館し翌火曜が休館）、
年末年始、その他館が定める日

URL
http://www.intermediatheque.jp/

宇宙ミュージアム TeNQ 太陽系博物学展

所在地
東京都文京区後楽1-3-61
東京ドームシティ黄色いビル6F

アクセス
JR中央・総武線「水道橋駅」徒歩1分、都営三田線「水道橋駅」徒歩5分、地下鉄丸ノ内線・南北線「後楽園駅」徒歩６分

開館時間
平日11:00-21:00
土日祝・特定日10:00-21:00

休館日
なし

入館料（当日券）
一般1,800円、高・大・専門学校生1,500円、
４歳〜中学生・65歳以上1,200円

URL
http://www.um.u-tokyo.ac.jp/exhibition/2014Taiyoukei.html

東京大学大学院総合文化研究科・教養学部　駒場博物館

所在地
東京都目黒区駒場3-8-1
（東京大駒場キャンパス内）

アクセス
京王井の頭線「駒場東大前駅」徒歩3分

開館時間
10:00〜18:00

休館日
火曜

URL
http://museum.c.u-tokyo.ac.jp/index.html

※宇宙ミュージアムTeNQ以外すべて入館料は無料です

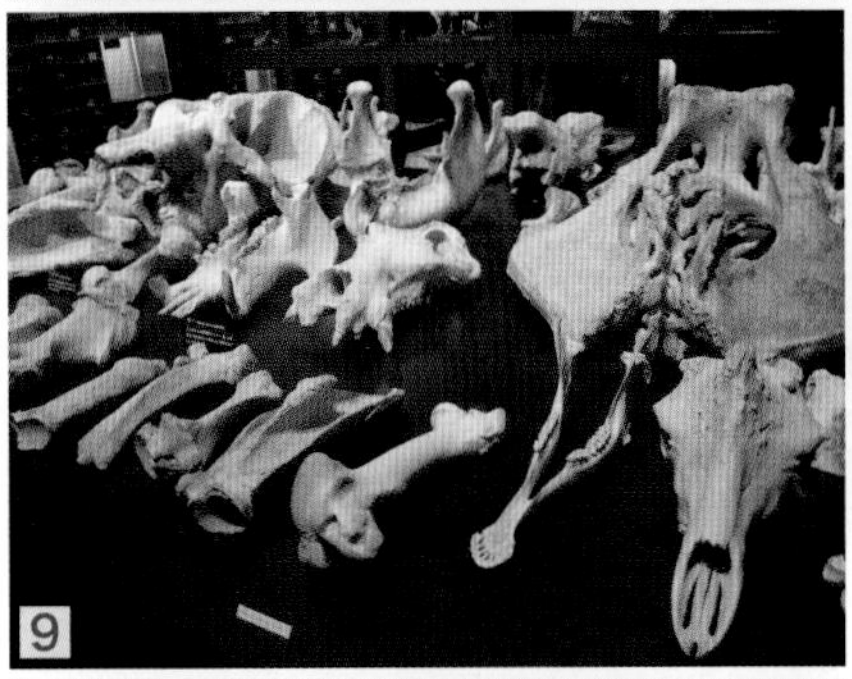

6 公開されている、古生物学の標本を収蔵している研究室。収納棚には論文に使用された標本が収められている。部屋には研究に使うデスクなどもあり、運がよければ研究者が作業している姿が見られるかも
7 文化史のコーナー。日本のほか、中国などアジアの資料を展示。中央のガラスケースは特別展の展示スペース
8 生物のコーナーで目を引く３つの動物のはく製。輓馬（重い馬車などを牽引するために改良された品種のウマ）、アルパカ、ウシ（オスのホルスタイン）
9 ゾウ、サイ、キリンなどさまざまな動物の骨
10 エクスペディションのコーナーは、東京大が実施した西アジアとアンデスでの研究調査の成果を紹介。ネアンデルタール人の骨格レプリカなども見られる

のが、物質の年代を測定する加速器質量分析装置（ＡＭＳ）の公開ラボです。装置の置かれた研究室はガラスを隔てて公開されており、来場者は実際に装置が使われている様子を見ることができます（写真３）。

「博物館は展示施設というイメージが強いですが、それは博物館の仕事のごく一部で、本来は資料や標本の収集、管理、活用が柱となります。本郷本館では、ＡＭＳのラボと古生物学の標本収蔵棚のあるラボ（写真６）は公開されています。研究室の一部を公開することで、研究施設としての博物館の姿を知ってほしいと考えています」（久保さん）

「展示を通して、モノそのもののインパクトだけではなく、そこからどのような研究につながるのか、学問の広がりを感じてほしいと思います」（小高さん）

研究分野の広がりと所蔵資料の圧倒的物量を感じることのできる本郷本館。基本は平日のみの公開ですが、特別展の期間中は土曜も開館するなど開館情報に変更がある場合があるため、ＨＰでご確認を。

また、東京大学総合研究博物館は、本郷本館以外にも建築関係の資料公開を行う小石川分館、東京駅のすぐそばに位置する博物館・インターメディアテク、「宇宙ミュージアムＴｅＮＱ」内の宇宙に関する展示室など、いくつかの分館があり、それぞれ特色ある展示が楽しめます。さらに、東京大にはほかにも研究成果や所蔵資料を一般に公開している施設があり、例えば駒場キャンパスには、美術と自然科学の展示が見られる駒場博物館があります。

早稲田大学

- ●坪内博士記念演劇博物館
- ●早稲田大学歴史館
- ●會津八一記念博物館

「キャンパスそのものをミュージアムにする」ことを目標としている早稲田大学らしい多彩な博物館があります。

写真1～3、8～13は早稲田大学提供

1 16世紀イギリスの劇場「フォーチュン座」を模して設計された坪内博士記念演劇博物館
2 早稲田大学歴史館は2018年3月20日にオープンしたばかり
3 2万点を超える作品・資料を収蔵する會津八一記念博物館

早稲田大学

総理大臣も務めた大隈重信によって、1882年（明治15年）に創立された「東京専門学校」が前身。以降、日本を代表する私立大学として多くの人材を輩出してきた。2032年の創立150周年に向けて、「Waseda Vision 150」を掲げてさまざまな施策を打ち出している。

本部所在地

東京都新宿区戸塚町1-104

キャンパス

早稲田、戸山、西早稲田、東伏見、所沢、本庄など

学　部

政治経済学部、法学部、文化構想学部、文学部、教育学部、商学部、基幹理工学部、創造理工学部、先進理工学部、社会科学部、人間科学部、スポーツ科学部、国際教養学部

坪内博士記念演劇博物館

演劇のことをもっと知りたいなら「エンパク」へ

1928年（昭和3年）、坪内逍遙によって設立された「坪内博士記念演劇博物館」（通称エンパク）。日本はもちろん、アジアでも唯一の演劇についての博物館です。

古代から現代までの日本の演劇に関する映像、書籍、衣裳などありとあらゆる資料が置かれており、演劇に少しでも興味がある人なら楽しめること間違いなしという構成です。日本だけではなく、ヨーロッパやアメリカの資料も展示されています。

こうした常設展示以外にも、年2回の企画展示が開かれており、8月5日までは歌舞伎と文楽の魅力や楽しみ方を伝える展覧会が開催中です。

「大学の博物館というと堅いイメージもあるかと思いますが、学生のみなさんも観て楽しめるような作りを意識しています。ぜひお越しください」（広報担当の木村あゆみさん）

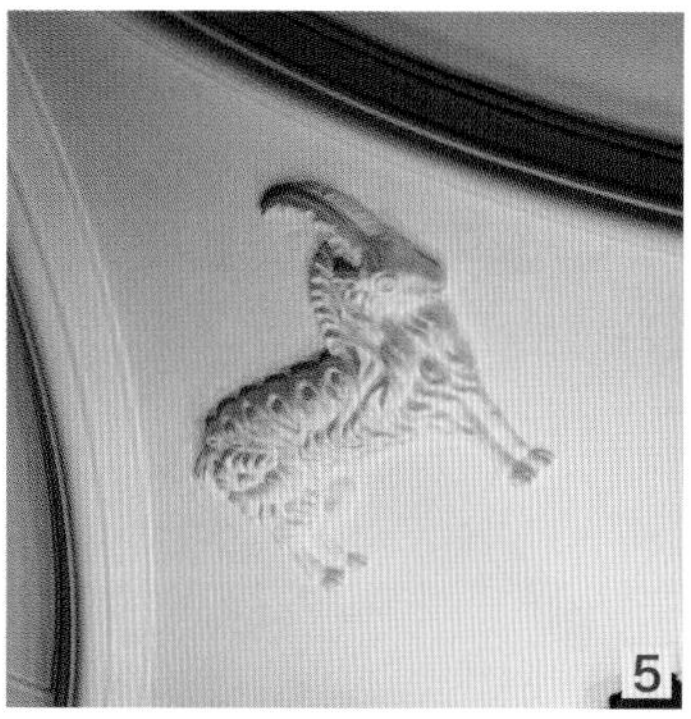

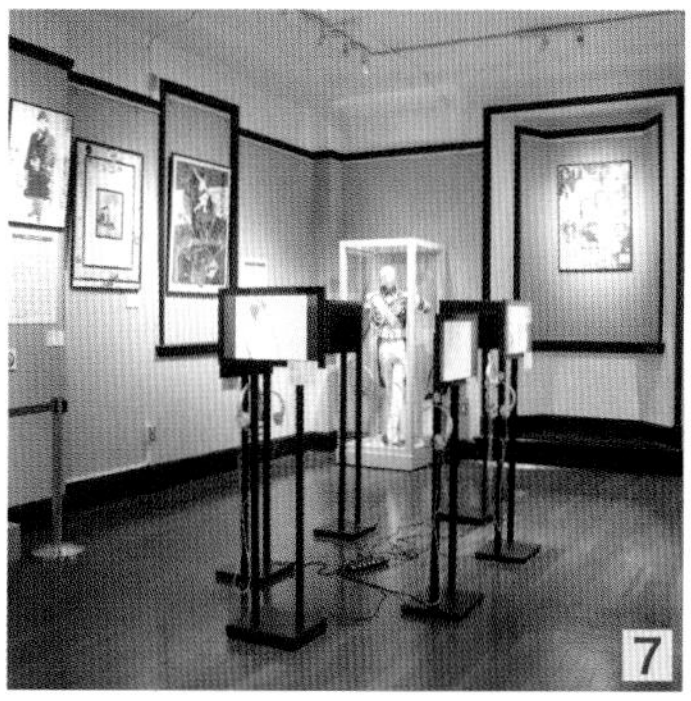

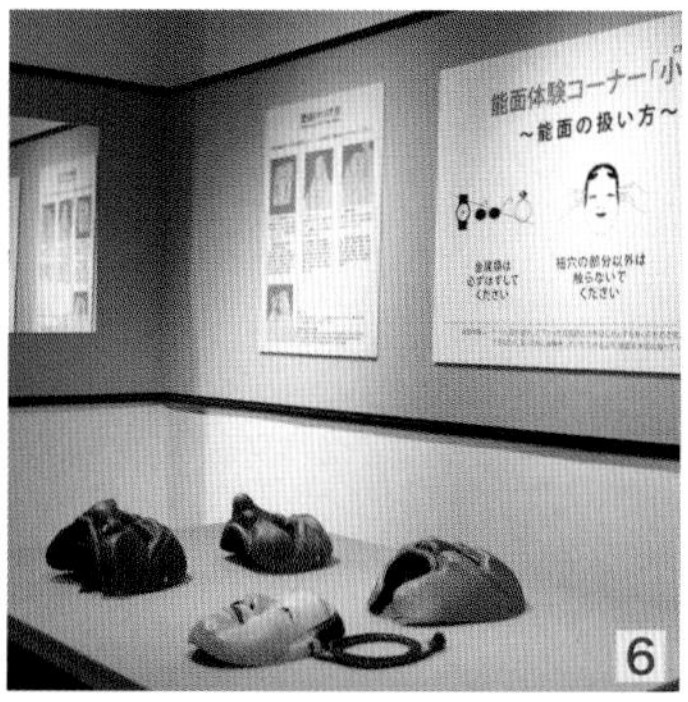

4 日本の名女優・京マチ子さんを記念したシアタールーム
5 坪内逍遙の記念室には彼の干支でお気に入りだった羊を色々な場所で見ることができる
6 2階の廊下には本物の能の面（写真手前）が置いてあり、顔につけて写真を撮影することもできる
7 「視覚でわかりやすいように」（木村さん）映像資料が豊富に展示されている

早稲田大学歴史館

早稲田大の過去・現在・未来がここに

早稲田大はキャンパスそのものをミュージアムにすることを目標の1つにしており、その一環として、2018年（平成30年）3月に歴史館を開館しました。この歴史館には早稲田大にまつわる多種多様な資料や情報が展示されています。

「早稲田大と世の中の年表を重ねて、大学創立以来の歴史が一覧できる」（館員の尾崎健夫さん）エントリールームから始まり、「久遠の理想」「進取の精神」「聳《そび》ゆる甍《いらか》」という3つの常設展示と企画展示室をめぐることで、大学の歴史や現在に続く取り組み、そこにかかわった人々の想いなどを知ることができます。

なかには大隈重信の当時の演説の音声を最新鋭の装置とともに聞くことができるコーナーも。「歴史館」という名前から思い浮かべるような固さを感じさせない工夫が随所に凝らされている博物館です。

8 早稲田大の歴史が一覧できるエントリールーム

9「聳ゆる甍」エリアでは研究、教育、国際化、学生生活などの分野に分けて、早稲田大の取り組みを展示している

10 早稲田大のグッズが買えたり、各学部のパンフレットが置かれているギャラリーショップ

11 入り口にはおしゃれな雰囲気のカフェがあり、建物の中心部分にテラスも

會津八一記念博物館

静かな空間でじっくりと鑑賞を

會津八一《あいづやいち》記念博物館は1998年（平成10年）に創立され、早稲田大名誉教授の會津八一（故人）が収集した東洋美術のコレクションを中心に展示がされています。

入ってすぐの1階ホールは、6本の柱が特徴的で、建物の中心となる大階段に設置されている日本画「明暗」は、横山大観、下村観山という2人の日本を代表する画家によって製作されました（企画展開催期間中の毎週木～土の3日のみ公開）。

そのほかに企画展示室などがある1階からあがると、2階には常設展示室が。ここは広々とした作りの室内に「會津八一コレクション、日本近現代の絵画作品、考古資料、アイヌ民俗資料など当館のおもな収蔵品を常設展示しています」（館員の平野光子さん）。

静かな雰囲気のなかで、多様な展示品を見ることができる博物館です。

12 1階ホールから見上げると、奥に大作「明暗」が見える

13 多種多様な展示品が所蔵されている2階の常設展示室は天井も高く作られている

今回紹介した早稲田大の博物館

坪内博士記念演劇博物館

所在地
早稲田キャンパス5号館

開館時間
月水木土日10：00～17：00
火金10：00～19：00

休館日
ホームページから確認を

URL
https://www.waseda.jp/enpaku/

早稲田大学歴史館

所在地
早稲田キャンパス1号館

開館時間
10：00～17：00

休館日
ホームページから確認を

URL
https://www.waseda.jp/culture/about/facilities/rekishikan/

會津八一記念博物館

所在地
早稲田キャンパス2号館

開館時間
月～土10：00～17：00

休館日
日・祝

URL
https://www.waseda.jp/culture/aizu-museum/

※アクセスは共通で地下鉄東西線・都電荒川線「早稲田駅」徒歩5分、地下鉄副都心線「西早稲田駅」徒歩17分、JR山手線「高田馬場駅」徒歩20分、バス
※入館料は全館無料

まだまだほかにも!!

紹介した2大学以外にも、じつは多くの大学が多様な個性を持った博物館や美術館、資料館を持ち、研究に役立てるとともに、一般にも広く開放しています。

下にあげたほかにもまだありますので、ぜひ大学見学も兼ねて出かけてみてください。

※各館の情報は❶所在地、❷開館情報、❸料金、❹URL、❺各館紹介の順

青山学院大　青山学院資料センター

❶東京都渋谷区渋谷4-4-25
❷平日9:30〜17:00、土曜日9:30〜13:00、休館日はHPから確認を ❸無料
❹http://www.aoyama.ac.jp/outline/facilities/resource_center.html

❺青山学院全体の歴史に関する資料や明治期のキリスト教関係資料などが保管され、展示されている。

慶應義塾大　アートセンター

❶東京都港区三田2-15-45
❷平日10:00〜17:00
❸無料
❹http://www.art-c.keio.ac.jp/

❺慶應義塾所蔵の美術作品の紹介展示などと合わせ、多岐にわたる企画展示も行われている。

城西大　水田記念博物館大石化石ギャラリー

❶東京都千代田区平河町2-3-20
❷月〜土11:00〜17:00、休館日はHPから確認を
❸無料
❹http://www.josai.jp/fossil_gallery/

❺大石道夫東京大学名誉教授らから寄託・寄贈を受けた約200点の実物化石標本と学術標本を保管・展示。

東京藝術大　大学美術館

❶東京都台東区上野公園12-8
❷HPから確認を
❸展覧会ごとに異なる
❹https://www.geidai.ac.jp/museum/news/news_ja.htm

❺日本を代表する芸術大学として収集してきたさまざまな美術品を所蔵。その展示は一般の美術館と変わらない。

東京農工大　科学博物館

❶東京都小金井市中町2-24-16
❷火〜土10:00〜17:00
❸無料
❹http://web.tuat.ac.jp/~museum/

❺明治からの農学や工学の発展の歴史をたどることができる。

東京理科大　近代科学資料館

❶東京都新宿区神楽坂1-3
❷火〜土10:00〜16:00、休館日はHPから確認を ❸無料
❹http://www.tus.ac.jp/info/setubi/museum/

❺「日本一の計算機コレクション」など、今日までの近代科学の発展の歴史が一覧できる。

法政大　博物館展示室

❶東京都千代田区富士見2-17-1
❷HPから確認を
❸無料
❹https://shikaku.i.hosei.ac.jp/?page_id=80

❺大学所蔵の資料も展示しつつ、年数回の企画展が開かれている。

立教大　立教学院展示館

❶東京都豊島区西池袋3-34-1
❷平日10:00〜18:00(長期休業中は17:00)、土曜日11:00〜17:00、休館日はHPから確認を ❸無料 ❹http://www.rikkyo.ac.jp/research/institute/hfr/

❺立教学院の歴史と伝統、教育や研究の取り組みを発信している。

国立音楽大　楽器学資料館

❶東京都立川市柏町5-5-1
❷水曜日9:30〜16:30、詳細はHPから確認を
❸無料
❹http://www.gs.kunitachi.ac.jp/ja/

❺世界各地のさまざまな楽器や資料が所蔵されている。楽器の試奏などもできるのが特徴的。

国際基督教大　大学博物館湯浅八郎記念館

❶東京都三鷹市大沢3-10-2
❷平日10:00〜17:00、土曜日10:00〜16:30、休館日はHPから確認を
❸無料 ❹http://subsites.icu.ac.jp/yuasa_museum/index.html

❺初代学長・湯浅八郎が蒐《しゅう》集《しゅう》した各地の民芸品などを中心に、貴重な資料が展示されている。

東京海洋大　マリンサイエンスミュージアム

❶東京都港区港南4-5-7
❷10:00〜16:00、休館日はHPから確認を ❸無料
❹http://www.s.kaiyodai.ac.jp/museum/public_html/index.html

❺水産科学技術に関連した標本や資料などがあり、深海魚の標本など、展示内容はかなりユニーク。

東京工業大　地球史資料館

❶東京都目黒区大岡山2-12-1
❷平日10:30〜16:30
❸無料
❹http://www.mue.titech.ac.jp/

❺貴重な化石や岩石試料、鉱物標本などが展示されている。

東京薬科大　薬用植物園

❶東京都八王子市堀之内1432-1
❷月〜土9:30〜16:00、休館日はHPから確認を
❸無料
❹https://www.toyaku.ac.jp/plant

❺薬用の植物に関する教育と研究のための植物園だが、一般公開されている。公開講座なども。

日本大　文理学部資料館

❶東京都世田谷区桜上水3-25-40
❷HPから確認を
❸無料
❹https://dep.chs.nihon-u.ac.jp/museum/

❺文学、歴史、考古、自然科学に関する資料などを展示。デジタルミュージアムも閲覧可能。

明治大　大学博物館

❶東京都千代田区神田駿河台1-1
❷10:00〜17:00、休館日はHPから確認を
❸無料(特別展は有料の場合あり)
❹https://www.meiji.ac.jp/museum/index.html

❺日本の私立大学の博物館としては最も長い歴史を持つ博物館の1つ。

阿久悠記念館

❶東京都千代田区神田駿河台1-1
❷11:00〜17:00、休館日はHPから確認を ❸無料
❹https://www.meiji.ac.jp/akuyou/index.html

❺日本を代表する作詞家・阿久悠の関係資料が展示されている。

ここに、君が育ち、伸びる高校生活がある。

「本来の学校らしさ」を求める高校
充実感のある高校生活と大学進学を目指す。

わたしたちの学校は、勉強に、行事に、そして部活動にも燃える、活気と充実感のある高校です。
「特進」・「コース制」を採用せず、全員に総合的学力と進学学力をつけることをめざしています。

学校見学会

8/ 4(土)・8/25(土)
14:00 開始　◆申し込みが必要です

■「学校紹介ビデオ」放映 ■「模擬授業」
■「教育内容」説明 ■「学校施設・設備」見学
●「受験相談コーナー」があります

学院祭(文化祭)

10/ 7(日)・10/ 8(月祝)
9:30〜16:00
■入試相談コーナーがあります

●学院祭当日も学校説明会を実施します
10:00 開会　◆申し込みが必要です

■2018年3月・卒業生進路状況

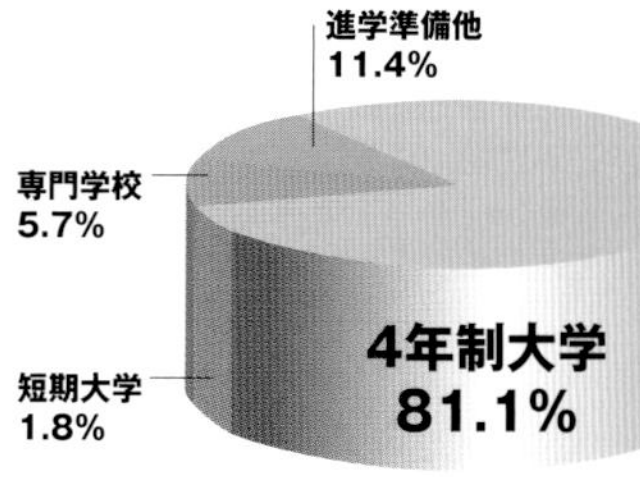

※「申し込み」はお電話か、HPの「お問い合わせフォーム」よりお願いいたします。
※9月以降は学校説明会を予定しています。イブニング説明会は 9/28(金)・11/6(火) 18:00開会 を予定しています。

正則高等学校

●申し込み・お問い合わせ 03-3431-0913 ●所在地:東京都港区芝公園3-1-36
http://www.seisoku.ed.jp

▶日比谷線・神谷町
▶三田線・御成門
いずれも徒歩5分
▶浅草線・大門
▶大江戸線・赤羽橋
いずれも徒歩10分
▶南北線・六本木一丁目
▶JR・浜松町
いずれも徒歩15分

縦横無尽の東大さんぽ

text by キャシー

Vol.5

夏休みに成長を遂げるための2つのコツ

いよいよ夏休みですね。夏休みといえば、祭り、花火、海…と楽しいことが盛りだくさん。と同時に、普段より長く勉強時間が取れる夏休みは受験の総本山とも言われ、ここで大きく力を伸ばすことができれば一気に合格が近づきます。中1、中2のみなさんも、夏休み次第で先生やクラスメイトがびっくりするような成長を遂げることだって可能です。

しかし、いくら勉強時間が長く取れるといっても、学力は時間をかければかけるほど伸びるというわけではありません。もちろん勉強の「量」は大事ですが、それ以上に大事なのが勉強の「質」です。そこで大切になってくるのが「メリハリをつけて勉強すること」です。そうすれば、つねに集中しながら勉強できます。今回はその「メリハリをつけるコツ」をご紹介します。

まず1つ目は、適度に休憩を取ることです。例えば「数学の問題を10題解いたらスマホを5分見る」など、その日の初めに、どれくらい勉強したら休憩を取るのか、その休憩は何分なのかを決めます。そしてそれを守るようにしましょう。もしまだ休憩時間ではないのに集中できなくなったときは、いったん休憩を取ることをおすすめします。ダラダラ続けるよりは1回仕切り直した方が、時間を有意義に使えるはずです。

勉強中の休憩に加えて、勉強をしていないときにしっかり休むことも大切です。私の場合は、日中ずっと勉強していた日は、夜はまったく勉強せず、家でゴロゴロするようにしていました。勉強づくしでは気がめいってしまうので、自分のなかでオンとオフのスイッチを切り替えて勉強に取り組むようにしましょう。

2つ目は勉強に飽きないようにすることです。私は1日中1つの教科ばかりを勉強していたら飽きてくるタイプだったので、「英語の文章を3つ読んだら、数学の問題を5題解いて…」というように、勉強する科目をコロコロと変えていました。こうすることで、科目が変わるごとに新鮮な気持ちで勉強に向きあうことができました。みなさんも苦手な科目と得意な科目を交互に勉強したり、音読が必要な科目と書いて覚えるような科目を交互に取り組んだりすると、飽きを防げると思います。

受験生のみなさんはもちろん、中1、中2のみなさんも、この2つの技を使って効率よく勉強を進めて、夏休みに成長しましょう!

今月の挑戦!!

進路にかかわる東大の試験

今回は先月終えた試験にちなんで、東大の試験についてお話しします。東大では、1・2年は全員が教養学部に所属し、3年からそれぞれ専門の学部に進みます。どの学部に進むかは進学振り分けという制度によって決まり、行きたい学部に行けるかどうかは定期試験の成績に左右されます。そのため、試験勉強を頑張る学生が多く、試験対策委員会(通称シケ対)を作ってクラス規模で対策するのも東大ならではです。

では、大学と高校の試験はどう違うのでしょう。大学は手書きの資料を持ち込んで解く試験やパソコン上で受ける試験など色々な種類があり、試験はなくレポートの出来で成績がつく講義もあります。また、過去問に似た試験も多いため、先輩にもらうなどしてどれだけ多くの過去問に触れられたかが勝負ということも。

とくに3年になってからの試験は、4年から所属する研究室選びにかかわってくるので力が入ります。みなさんは試験や受験でいい結果が出せるよう、私は行きたい研究室に行けるよう、お互い頑張りましょう!

いいこといっぱい

身につけよう「正しい姿勢」

みなさんは自分がどんな姿勢で勉強しているかを意識したことはありますか？　勉強していると、なんだかすぐ疲れてしまったり、肩がこってきたり…。じつはそれ、姿勢が原因かもしれません。今回は、一般社団法人日本姿勢教育協会で姿勢の大切さを人々に伝える活動を行っているお２人に、姿勢をよくすることの大切さ、そして正しい姿勢を保つコツを伺ってきました。正しい姿勢をマスターすれば、集中力アップにもつながるので、ぜひマスターしましょう！

一般社団法人 日本姿勢教育協会
副会長・姿勢教育指導士
碓田《うすだ》 拓磨《たくま》先生

一般社団法人 日本姿勢教育協会
理事・姿勢教育指導士
篠田《しのだ》 洋江《ひろえ》先生

資料提供：一般社団法人　日本姿勢教育協会　参考：『心と体が変わる姿勢のつくりかた』（碓田拓磨 著・洋泉社）

なぜ姿勢をよくした方がいいの？

まずは背中を丸めた猫背の状態だと、身体にどんな悪影響があるのか、
反対に「正しい姿勢」をマスターするとどんないい影響があるのかを見ていきましょう。

碓田拓磨先生によると、日本人は世界の国々に比べて、１日のうちに座っている時間がかなり長いというデータがあるそうです。いまこれを読んでいる中学生のみなさんも、学校や塾などで勉強するときはずっとイスに座っていますよね。そして、勉強するときや、本を読むとき、スマートフォンを見るときなどは、下を向く姿勢になることが多いと思います。そのように座って下を向きながら作業をすると、首や肩が前に倒れ、背中が丸まる「猫背」の状態になってしまいがちです。

しかし、この猫背の状態でずっといると、色々なトラブルが引き起こされてしまいます。碓田先生は「頭は体重の10％の重さだと言われています。例えば体重50kgの人の頭の重さは、５kgということです。猫背になると、そんなに重たい頭を首や肩の筋肉だけで支えているということになるので、首や肩に負担が大きくかかります。これが肩こりの原因なのです」と語られます。

猫背の悪影響はこれだけではありません。腰へも負担がかかることから腰を痛めてしまったり、胸が圧迫されて呼吸が浅くなるため、集中力が低下しがちになったりと、さまざまな悪影響をもたらします。そればかりでなく、姿勢はメンタル面にも影響をおよぼすといいます。

「背中を丸めて下を向いた状態と、背筋を伸ばして前を向いた状態で、同じように『やる気まんまんです！　いつも前向きです！』と言ってみてください。前者はいくら言葉が前向きでもなんだか暗い気持ちに、逆に後者は言葉通り心も前向きになりませんでしたか？　背中を丸めた姿勢でいると、自然とネガティブな気持ちに、姿勢をよくすると、気持ちまで明るくなるのです。このように姿勢と気持ちは大きく関係しているため、姿勢次第で気持ちをコントロールすることができます」（篠田洋江先生）

ほかにも、姿勢をよくすると、「きちんとしていそう」「信頼できそう」など、その人自身が周りからいいイメージで見られるようになったり、肩こりや腰痛がなくなったり、呼吸がしやすくなったり、集中力が高まったり…と、上記で示した悪影響に悩まされることもなく、いいことづくめ。

次のページからは、実際に「正しい姿勢」とはどういう姿勢なのか、そしてその「正しい姿勢」を保つためにどうすればいいのかをお教えします。

正しい姿勢を知ろう

姿勢をよくすることがなぜいいのかわかったところで、次に、どのような姿勢が正しい姿勢なのかを見てみましょう。ここでは、姿勢が崩れがちな座ったときの姿勢をおもに扱います。

　正しい姿勢とは、具体的にどのような姿勢のことをいうのでしょうか。人間の上半身は、筋肉のサポートを受けつつ背骨が支えています。そしてその背骨を支えているのが骨盤です。骨盤は逆三角形の形をしており、それを傾けることのないようにまっすぐ保ち、背骨がゆるやかなＳ字カーブを描くようにキープした姿勢が正しい姿勢です。これは立っているときも座っているときも同じです。先生方は座ったときの正しい姿勢を「イスの正座」と呼んでいます。

「下のイラストを見てみましょう。立っていると腰の部分は少しへこんでいて、背中からお尻にかけてゆるやかなカーブができています。そのカーブを座った際にも維持した姿勢が『イスの正座』です。つねにこの姿勢をキープする必要はありませんが、正しい姿勢を知っていると、姿勢をよくしようと思ったときに、自分の意志で正しい姿勢を維持できる、つまり姿勢のオンオフを切り替えることができます」と篠田先生。

　正しい姿勢を維持したり、姿勢のオンオフを切り替えられるようにするために必要なのが「姿勢体力」です。「姿勢体力」は最低限の筋力とバランス感覚からなります。筋力が必要なのは理解できても、「ただ座るだけなのにバランス感覚が必要なの？」と不思議に思う人もいるでしょう。しかし、それは背骨の構造を考えると理解しやすくなります。背骨は、頸椎《けいつい》（首の部分）、胸椎《きょうつい》（背中の部分）、腰椎《ようつい》（腰の部分）といういくつかの骨が重なってできています。例えば、積み木を思い浮かべてみましょう。積み木をいくつも重ねようとすると、バランスが重要になりますよね。それと同じで、背骨を正しい形にキープするためにはバランス感覚が必要になるのです。

　さて、「イスの正座」を保とうとすると、「疲れる」と感じる人もいるでしょう。しかし、疲れるのは当たり前なのです。「『イスの正座』を保つことは『一種の筋トレ』」だと碓田先生は話されますから、むしろ「イスの正座」をしていて、疲れを感じたら効いている証拠だと考え、もう少しその姿勢を続けてみましょう。「『イスの正座』を30分続けられるようになったら、『姿勢体力』が備わった目安」だと先生方は話されます。

　中学生のみなさんも勉強するときは、このページを参考に、「イスの正座」を意識してみてくださいね。

イスの正座

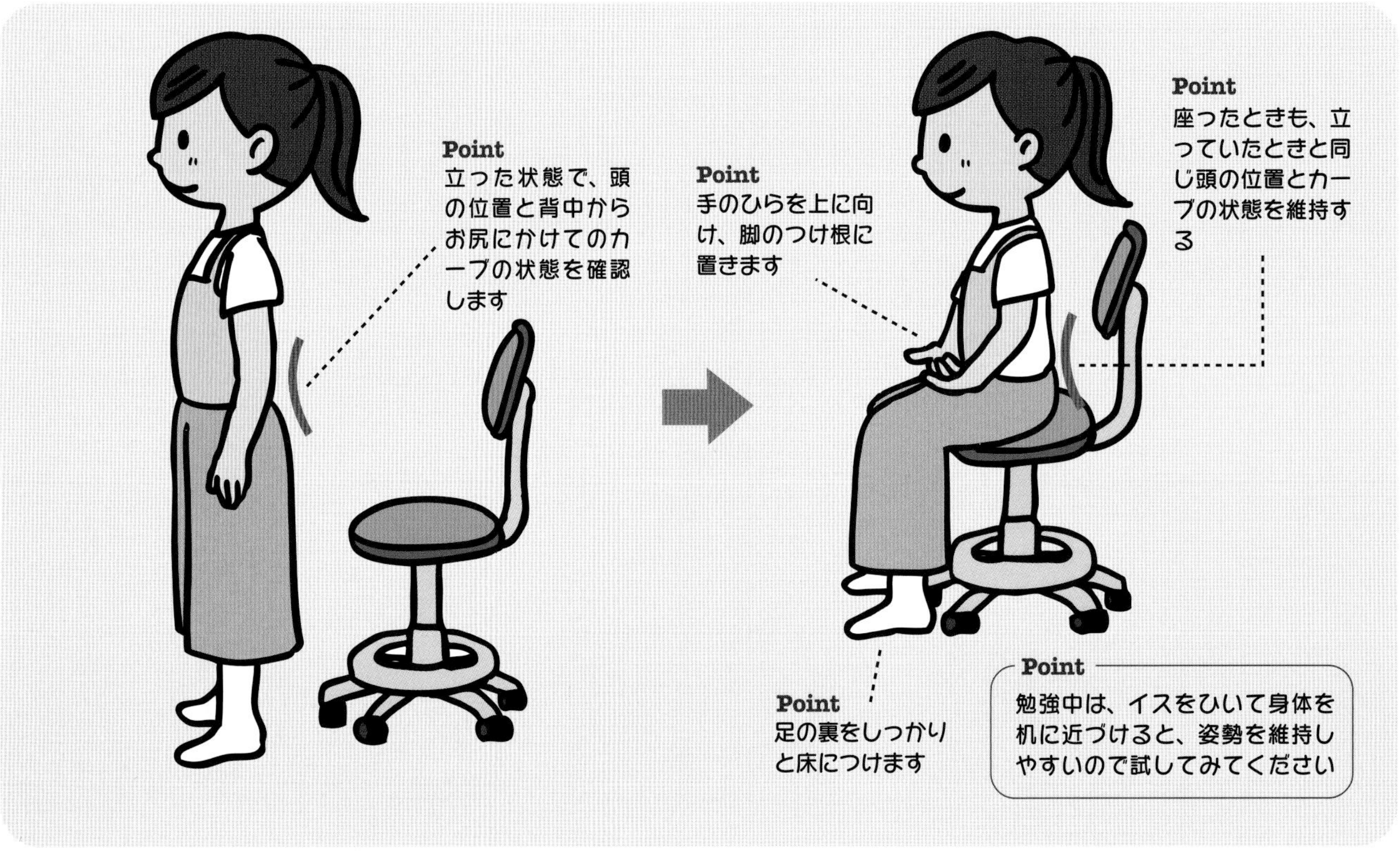
Point
立った状態で、頭の位置と背中からお尻にかけてのカーブの状態を確認します
Point
手のひらを上に向け、脚のつけ根に置きます
Point
座ったときも、立っていたときと同じ頭の位置とカーブの状態を維持する
Point
足の裏をしっかりと床につけます
Point
勉強中は、イスをひいて身体を机に近づけると、姿勢を維持しやすいので試してみてください

いざ！ 姿勢体力をつけよう

正しい姿勢についても学んだあとは、姿勢体力を身につけるためのストレッチを2つ紹介します。Let's try!!

イラストのようなキャスターつきのイスを使う場合は、イスが滑ると危ないので、注意しながら行いましょう。

ハムストレッチ

片側2回を1セット、1日3セット以上行います

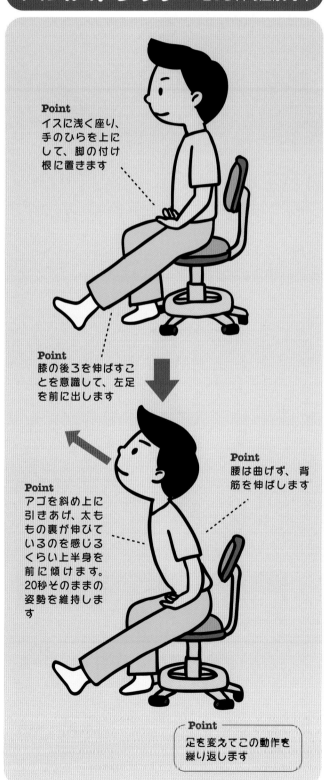

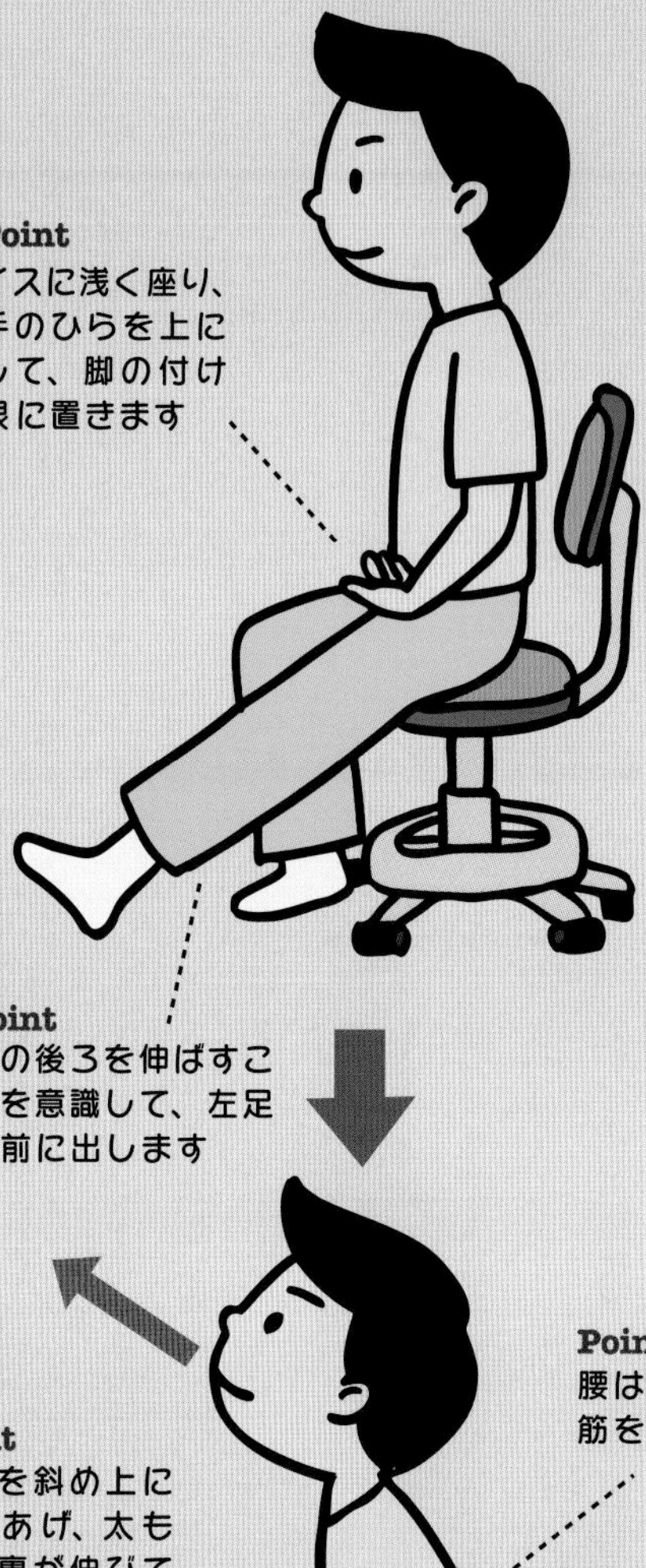

イスに浅く座り、手のひらを上にして、脚の付け根に置きます

アゴを斜め上に引きあげ、太もも裏が伸びているのを感じるくらい上半身を前に傾けます。20秒そのままの姿勢を維持します

Point
足を変えてこの動作を繰り返します

キャットレッチ

2回を1セット、1日3回以上行います

※このストレッチは背もたれがないイスで行うことをおすすめします。もし、背もたれがあるイスで行う場合は、イスに浅く腰かけて、背もたれの手前で手を組むといいでしょう。

膝の後ろを伸ばすことを意識して、左足を前に出します

腰は曲げず、背筋を伸ばします

手のひらを上にして、お尻の後ろで手を組みます

足の裏をしっかりと床につけます

腰はそり過ぎないように注意して、左右の肩甲骨をぐっと中央に寄せます
後ろ姿

Point
肩甲骨の間にレモンを挟んで搾るようなイメ ジで肩を引せ、3秒間その姿勢を維持します

英語だけじゃない！KANTOの実力！

関東国際高等学校

www.kantokokusai.ac.jp

先進的な外国語教育で注目を集めている関東国際高等学校（以下、KANTO）。タイ・インドネシア・ベトナム・中国・ロシア・韓国の近隣語各コースや日本語を母語としない生徒のための入試など、その特色ある国際教育が注目されています。

ＫＡＮＴＯの特殊性を生かした高大連携が、今注目されています

ＫＡＮＴＯには国内の高校ではめずらしい6つの近隣諸国（タイ・インドネシア・ベトナム・中国・ロシア・韓国）言語を学ぶコースが設置されています。その中でも、タイ語・インドネシア語・ベトナム語を3年間カリキュラムに取り入れているのはＫＡＮＴＯだけの取り組みです。これらの近隣語各コースに入学する生徒のほとんどが現地での生活経験などなく、小・中学時代からアジア近隣諸国に興味を持ち始め、将来はそれらの国々に関わる仕事に携わりたいという個人の意思で入学してきた生徒たちです。

今、この近隣語各コースで全国の大学から熱い視線を集めているのが、生徒と大学のマッチング機会を創造する「高大連携ブリッジ授業」と呼ばれる取り組みです。この高大連携では生徒は受け入れ大学のゼミ等の授業に参加し、事前課題についてのプレゼンテーションやディスカッションを行います。これが生徒から大学への自己アピールの場となり、大学にとっては欲しい人材を見極める絶好の機会となっているようです。

この「高大連携ブリッジ授業」には上智、立教、法政など10を超える大学が参画しています。その中には国際関係学部や法学部など近隣語学系以外の学部・学科も含まれており、ＫＡＮＴＯの新しい試みに対する大学側の期待感の高さが感じられます。さらに6月30日には、「高大連携ブリッジ授業」を担当して頂いた大学の先生方を招待し、近隣語各コースから選抜された生徒が学習の集大成をプレゼンテーションする「公開プレゼンテーションコンテスト」が開催されました。

近隣語各コースの今春の大学進学状況を見てみると、ほぼ全員の生徒がＡＯ入試や推薦入試を利用して進学しており、約3割の生徒が上智やＧＭＡＲＣＨ、海外大学へ進学し、また他の生徒も自分の希望する大学や専門学校へ進学しています。今後、このＫＡＮＴＯ近隣語各コースの一連の取り組みは、さらに他の高校

インドネシア現地研修

を巻き込みながら大きな輪を広げていきそうな気配です。

英語をもっと生かしたいなら KANTOの「英語コース」へ

KANTOの英語コースは大学受験のための英語力と実用的な英語力の両方を習得できるコースです。2年次からは希望する進路に合わせて「英語クラス」と「海外大学留学クラス」に分かれるため、1年次は基礎英語力の定着と進路サポートを徹底させています。

2年次からの「英語クラス」は国内大学進学を目指すコースです。大学入学共通テスト（新テスト）に対応した英検対策はもちろん、英語のプレゼンテーション能力を高める学習や大規模なスピーチコンテスト、また各国との国際交流プログラムや海外長期留学プログラムなど、学校生活でたくさんの英語に触れあう機会を大事にしています。

ネイティブ教員の授業風景

「海外大学留学クラス」は、「英語を母語としない人に英語を指導する」方法を学んだネイティブ教員と日本人教員が連携して、留学に必要なプレゼンテーションを重視した授業やTOEFL・IELTSの受験対策など、海外大学で「英語で学ぶ」ための実践的英語力が身につく授業を行っています。また、海外大学20校ほどを招いて校内で行われる留学フェアや3年次の留学面接指導など安心して海外大学へチャレンジできるサポート体制が整っています。

日本語を母語としない生徒が集まる「日本文化コース」がおもしろい！

普通科には日本文化コースと文理コースがあり、特に特殊性が高いのが日本語を母語としない生徒のための日本文化コースです。

このコースでは日本語が十分ではない生徒のために、国語や社会科などの通常教科の中で日本語の習得をサポートする「日本語ブリッジ授業」と呼ばれるプログラムが確立しています。このプログラムは日本語教授法をマスターした教員が独自に作り上げたもので1年次にこのプログラムを実施し2年次からは日本人生徒と同じレベルの授業を受けることを目標としています。現在、首都圏の小中学校に潜在的に一万人弱いるといわれる日本語指導が必要な外国籍の生徒にとってこの日本文化コースの教育が今注目を集めています。

さらに成績によっては2年次から理系難関大学を目指す文理コースへのコース変更も可能となっています。また文理コースの前身の理系コースからは大阪大学など、国公立大学や医学部へ合格者を輩出しており、大学進学実績で素晴らしい実績を残しています。

勝浦キャンパス

自然とふれあえる「勝浦研修」

KANTOのもう一つの魅力が、66万㎡の広大な土地に、宿泊施設、レストラン、グラウンド、テニスコート、体育館等の充実した施設を完備した勝浦キャンパスで行われる4泊5日の「勝浦研修」です。1・2年次は前期と後期の2回、3年次は春に1回行われます

勝浦キャンパスには「勝浦ファーム」と呼ばれる農園があり、農業体験で自ら収穫した作物を食べたり、学年や科・コースを超えて皆で協力してハーブ園の管理を行ったりします。また、馬術やスポーツ等5つの選択文化講座が用意されており生徒は都心では味わうことのできないプログラムをのびのびと楽しんでいます。3年間で計5回行われるこの研修で生徒たちは仲間の大切さを実感し、一人ひとりの人間力を着実に伸ばしていきます。

■学校説明会（予約制）
7/28㊏ 10:00　8/10㊎ 10:00
8/27㊊ 10:00　10/20㊏ 9:30/14:00

■近隣語異文化コミュニケーションキャンプ（予約制）
9/8㊏～9㊐ 終日

■体験授業（予約制）
9/15㊏ 10:00　11/17㊏ 9:30

■平日学校説明会（予約制）
9/20～11/15 の木曜日 16:30 ※10/25は実施しません。

■KANTO FESTIVAL（学園祭）
10/27㊏・28㊐ 9:45~14:15
※詳しくはホームページをご覧ください。

関東国際高等学校〈共学校〉
〒151-0071　東京都渋谷区本町3-2-2　TEL 03-3376-2244
アクセス：京王線「初台駅」から徒歩8分、
都営大江戸線「西新宿五丁目駅」から徒歩5分

豊島岡女子学園高等学校

TOSHIMAGAOKAJOSHIGAKUEN HIGH SCHOOL

自分らしく、しなやかに、
たくましく活躍できる女性へ

School Data

所在地 ▶ 東京都豊島区東池袋１-25-22
アクセス ▶ JR線ほか「池袋駅」徒歩７分、
地下鉄有楽町線「東池袋駅」徒歩２分
生徒数 ▶ 女子のみ1056名
TEL ▶ 03-3983-8261
URL ▶ https://www.toshimagaoka.ed.jp/

- ３学期制
- 週６日制
- 月～金６時限、土曜４時限（第２土曜以外）
- 50分授業
- １学年８クラス
- １クラス45名前後

歴史と実績を兼ね備えた首都圏有数の名門女子校・豊島岡女子学園高等学校。特色あるイベントプログラムや充実の国際理解教育に加えて、2018年度（平成30年度）からはスーパーサイエンスハイスクール（SSH）にも指定され、ますます魅力的な学校に進化を遂げています。

竹鼻《たけはな》 志乃《しの》 校長先生

才能を開花させ能力を高める学び

　2017年（平成29年）に創立125周年を迎えた豊島岡女子学園高等学校（以下、豊島岡女子）。教育方針には、「道義実践」（人としての正しい道を実践する）、「勤勉努力」（まじめにコツコツと努力する）、「一能専念」（1つの能力・才能を一生懸命に打ち込んで伸ばしていく）の3つを掲げています。

　私立女子裁縫専門学校を前身とすることから、現校名に改称された1948年（昭和23年）以来、毎朝5分間「運針」を行っています。1人ひとりが約1mのさらし布を赤い糸でひたすら縫っていく運針は、教育方針の「勤勉努力」「一能専念」の実践の場として、伝統的に大切にされている取り組みです。

　カリキュラムは、高1は共通履修、高2で文系・理系に分かれます。高1・高2は中入生とは別クラスで各教科効率よく学び、高3でいっしょになります。そして、私立大文系志望の「文系Ⅰ」、国公立大文系志望の「文系Ⅱ」、医歯薬理工系志望の「理系」の3コースに分かれます。

　「本校では、新入生をサポートする有志の応援スタッフがいます。高入生は中入生となじめるか不安かもしれませんが、応援スタッフは自身も高入生として不安を感じながら入学したので、色々な場面で新入生の心に寄り添いながら、的確なアドバイスをしてくれます。また、中入生とはクラブで、クラスの仲間とは高1の4月の遠足や入間体育※で打ち解けられるので、安心して入学してください」（竹鼻志乃校長先生）

　毎年難関大学へ多くの合格者を輩出する豊島岡女子では、各教科で工夫を凝らした授業が展開されています。例えば英語は、「読む・聞く・書く・話す」という4技能をバランスよく伸ばすために、オンライン多読プログラムや1対1で行うオンライン英会話を導入するとともに、高1・高2はGTECを受けて、4技能の力をはかっています。

　月に1回、「月例テスト」を行うのも特色です。高1は漢字、英単語、高2以降は古文単語、英単語に加えて、文系は社会、理系は理科の到達度をチェックして合格点が取れるまで追試験を実施し、基礎学力を着実に身につけていきます。長期休暇中には、全学年で夏期講習・冬期講習が開講され、1月からは高3対象の直前講習も開かれます。

SSHの活動が始動 国際交流プログラムも充実

　今年度から、スーパーサイエンスハイスクール（SSH）に指定された豊島岡女子。生徒全員が参加するのが特徴で、スローガンは「志力を持って未来を創る女性」です。

　SSHについて竹鼻校長先生は、「いまは高1が『科学探究基礎Ⅰ』の授業で探究活動に必要なリテラシーを学んでいて、12月からグループごとに探究活動を実践します。高2になると、今度は『総合探究Ⅱ』（文系）や『科学探究Ⅱ』（理系）で、高1で得た知識・技術をもとに個人で探究活動を進めます。そして高3は理系のみ、『化学応用』『物理応用』『生物応用』『実践数学』の授業を履

特色ある取り組み

Academic Day

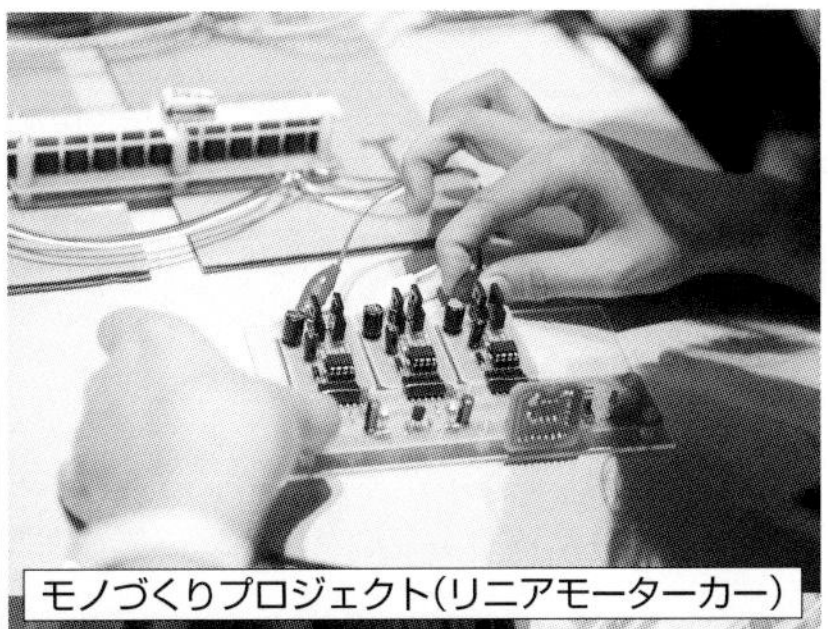

モノづくりプロジェクト(リニアモーターカー)

運針

伝統的に行う「運針」のほか、近年「モノづくりプロジェクト」や「Academic Day」などの新たな取り組みも始まっています。

※入間総合グラウンドで球技大会や運動会の練習を行う

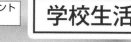

学校生活

自習室

家庭科の授業

エンパワーメントプログラム

図書館

生物の授業

オンライン英会話

試食室

物理室

英語の授業

池袋駅から徒歩7分という交通至便な立地にある豊島岡女子。地下1階・地上8階建ての校舎には特別教室なども充実しています。

修します。さらに、『英語で科学を学ぶ』授業として、高1で『ディベート英語』、高3で『科学英語』を設置しています。科学的な内容を扱いながら、国際性を高める狙いがあります」と話されます。

国際性を高めるといえば、国際交流プログラムも充実しています。なかでも注目は、今年度からスタートする「海外トップ大学研修プログラム」（高1・高2希望者、春休みに9日間実施）。ハーバード大やマサチューセッツ工科大といった海外トップ大学の雰囲気を肌で感じながら、多様なプログラムを体験します。

昨年度からは「エンパワーメントプログラム」（高1・高2希望者、夏休みに5日間実施）も始動。生徒5〜6人と海外の大学生1人がグループになって、英語でディスカッションなどに取り組みます。スタンダードコース、理系のハイレベルな内容を扱うアドバンストコースという2種類のコースがあります。

そのほか、ニュージーランド、カナダ、イギリスのいずれかでホームステイしながら2週間過ごす「海外研修」（高1・高2希望者）、生徒がペアを組み各国の大使になりきり世界の諸問題について話しあう「模擬国連」なども実施されています。

主体性や協調性を育む多彩なイベント企画

知的好奇心を刺激する各種イベントが年間を通じて開催されているのも魅力です。その1つ「モノづくりプロジェクト」は探究型学習の一環で、過去3年間は「クリップモーターカーレース」、ロボットによる「重量挙げコンテスト」、スパゲッティで作った橋の美しさや強度を競うコンテストなどが行われました。

「希望者がチームを組んでエントリーし、毎年テーマに沿った『モノづくり』に励みます。『モノづくり』は答えが1つではありませんから、仲間と協力しながら試行錯誤を重ねる必要があります。そのなかで主体性や協調性が育まれるのです。企業や大学の協力を得ながら行っているのも特徴で、昨年の『リニアモーターカーづくり』では、東京電機大工学部の先生方からレクチャーを受けました。さらに昨年は初の試みとして、3校の男子校にも声をかけて、トーナメント戦に参加してもらいました」（竹鼻校長先生）

イベント企画でもう1つ特筆すべきは「Academic Day」です。教員

学校行事

桃李祭

年間を通してさまざまな学校行事も行われています。今年の運動会運営委員長は高入生とのことで、やる気のある人には活躍の場が用意されています。

林間学校

運動会

弦楽合奏部

琴部

クラブ活動

クラブは49あり全員参加です。多くのクラブが活発に活動しています。

体操部

バスケットボール部

剣道部

画像提供：豊島岡女子学園高等学校

が提示した「池袋駅の駅弁を作ろう！」「神経衰弱の最適戦略」「映像で表現する科学的事象」をはじめとする多種多様な課題、または生徒自身で設定した課題に各々が取り組むというもので、最終的にポスターやスライドで成果を発表します。

この2つ以外にも、多岐にわたるイベントが開催されており、これらを通して培った力は、2020年度から始まる大学入学共通テストに代表されるような思考力が必要とされる入試でも存分に発揮できることでしょう。なお、主体性を育む目的で、来年度からは修学旅行も3コースから行き先を選ぶようになります。

向上心のある仲間と切磋琢磨できる環境

ここまで紹介したように、伝統的に行ってきた教育を大切にしながら、新たな取り組みも導入して、さらなる発展を遂げる豊島岡女子。進路・進学指導は「将来の職業などを考え、生徒が進学したい大学に現役で合格する力をつけることを重視しています。基礎学力の定着と大学入試に向けた実践力をつける指導を行っています」と竹鼻校長先生。

「将来について考えを深めたうえで文理選択、さらには大学を選んでほしいと思っています。理系教科が苦手だから文系に行く、というような決め方はしてほしくないので、高1の夏休みにはオープンキャンパスに行き、文系・理系どちらを選ぶのか、その理由を作文に書いてもらいます。また、さまざまな情報を提供する『進学通信』を定期的に発行したり、『先輩に学ぶ勉強法』『進学懇談会』など、身近なお手本である卒業生の話を聞く機会も設けています。

限界を作らず、失敗を恐れず、色々なことにチャレンジする。本校にはそうしたチャレンジ精神を持った生徒が多くいるので、そんな仲間とともに切磋琢磨したいと考える向上心を持った生徒にはぴったりの学校だと思います」（竹鼻校長先生）

2018年度(平成30年度)大学合格実績（）内は既卒

大学名	合格者	大学名	合格者
国公立大学		私立大学	
北海道大	9(2)	早稲田大	90(18)
東北大	5(2)	慶應義塾大	99(21)
筑波大	12(2)	上智大	56(13)
千葉大	15(4)	東京理科大	129(28)
お茶の水女子大	13(4)	青山学院大	17(6)
東京大	21(3)	中央大	34(15)
東京医科歯科大	6(1)	法政大	30(12)
東京外大	11(2)	明治大	87(19)
東京工大	7(0)	立教大	46(8)
一橋大	3(0)	学習院大	16(9)
横浜国立大	6(2)	国際基督教大	5(1)
京都大	5(1)	北里大	22(3)
その他国公立大	50(20)	その他私立大	297(112)
計	163(43)	計	928(265)

School Navi
No. 283

東京都　東村山市　男子校（2019年度より男女共学化）

明法《めいほう》高等学校

School Data

所在地	東京都東村山市富士見町2-4-12
生徒数	男子のみ346名（2019年度より男女共学化）
TEL	042-393-5611
URL	http://www.meiho.ed.jp/
アクセス	西武国分寺線・拝島線「小川駅」徒歩18分、西武新宿線「久米川駅」・西武拝島線「東大和市駅」・JR中央線ほか「立川駅」バス

共学化で明法独自の教育を女子生徒にも

創立以来、「世界の平和に貢献できる人間の育成」という建学精神のもと、男子のみで教育を行ってきた明法高等学校（以下、明法）。2019年度からは男女共学化し、「男女を問わず人間としての尊厳を認め合い、考え方や価値観の違いを乗り越えて協力し、互いを思いやれる人間を育てていくこと」をめざします。

明法では、高1は発展的な学習を行う「特別進学コース」と、基礎をしっかりと学ぶ「総合進学コース」、高2・高3では進路別に「国公立難関私大コース」と「私大合格コース」が用意されます。コース制に加え、長期休暇には基礎学力の定着から大学受験に向けた実践的なものまで、約100の講座が開かれ、自分に合った指導を受けながら、しっかりと学力を伸ばすことができます。

さらに、専属の講師や卒業生であるチューターが常駐する自習室があったり、職員室内に学習指導コーナーが設けられていたりと、わからないことはすぐに解決できる体制が整えられているのも魅力です。

GSPで養う 21世紀型スキル

明法ならではの取り組みの1つに「グローバル・スタディーズ・プログラム（GSP）」があります。

GSPは「英検準1級の取得」「3ヶ月留学」「21世紀型スキルの習得」を3つの柱として、「世界に挑む日本人」を育成するプログラムで、入学時に20名を定員としてGSP生が募集されます。

GSP生は放課後に実施される「英語で学ぶ日本文化」「英検準備講座」などの講習やオーストラリアの現地校で3カ月学ぶ「ターム留学」への参加が必須となっています。

そのほか、GSPの一環として行われるゼミ形式の授業「21世紀」も特徴的です。授業はすべて英語で行われ、ディカッションやディベートに取り組みながら、クリティカル・シンキングやクリエイティブ・シンキングといった「21世紀型スキル」を身につけていきます。なお、「21世紀」は、高2・高3の選択科目として設置されているので、GSP生以外も受講が可能です。

こうした教育体制のもと、明法高等学校の生徒は、充実した施設がそろう広大なキャンパスで、伸びのびとした学校生活を送っています。来年度からは女子生徒を迎え、さらに活気あふれる学校となることでしょう。

School Navi No.284

埼玉県　さいたま市　共学校

埼玉栄高等学校《さいたまさかえ》

School Data

所在地	埼玉県さいたま市西区西大宮３-11-１
生徒数	男子1350名、女子1130名
ＴＥＬ	048-624-6488
ＵＲＬ	http://www.saitamasakae-h.ed.jp/h/
アクセス	JR川越線・埼京線「西大宮駅」徒歩４分

「人間是宝」の精神のもと生徒の可能性を伸ばす

クラブ活動を支える充実の環境が魅力

埼玉栄高等学校は、建学の精神に「人間是宝《にんげんこれたから》」を掲げ、２０１６年（平成28年）に完成した新校舎のもと、「生徒の内在する可能性を開発し、一人ひとりの能力を活かす教育」を行っています。

多彩な部活動があるのが特徴で、その数なんと67。東京ドーム約14個ぶんという敷地面積を活かし、ゴルフ練習場、体操場、弓道場など、ほとんどの部に専用の施設を用意しているのが大きな魅力です。生徒はこうした環境のもとで思う存分活動しており、毎年いくつもの部が全国大会で活躍しています。

学科は普通科と保健体育科の２つがあり、普通科は「αコース」「Ｓコース」「特進コース」の３つのコースで構成されています。

なかでもαコースは、毎年難関国公立大や医学部、早慶上理に合格者を輩出している注目のコースです。基礎学力をまんべんなく伸ばしたうえで、高2から文系、理系に分かれて応用力を培うとともに、理化学研究所や日本銀行、東京地方裁判所など日本の中枢を担う施設を訪問する取り組みを行うことで、知的好奇心を刺激し、学習意欲を高めています。

そして、Ｓコースは国公立大や早慶上理、Ｇ-ＭＡＲＣＨ、特進コースはＧ-ＭＡＲＣＨや日東駒専をめざします。どちらも高2から文系、理系クラスに分かれますが、特進コースは文系、理系クラスに加えて、Ａ＆Ａ（Art&Athlete）という美術や体育などの専門分野について深く学べるクラスが設置されています。

保健体育科は「世界に通用するスポーツのスペシャリスト」養成をめざします。科の全員が運動部に所属して実技の専門性を高めつつ、独自の教科（スポーツ概論、スポーツ総合演習など）も受講し、専門知識も身につけていきます。もちろん、大学進学に必要な学力を養うための授業も丁寧に実践されています。

また、どちらの科の生徒も通常授業にプラスして、早朝の0時限授業、放課後（7～10時限目）の選択授業を受けることもできます。選択授業は各学年で開講科目が異なり、大学入試対策講座や教養を深める第二外国語講座などさまざまです。

埼玉栄高等学校は、このように勉強にも部活動にも打ち込める環境が整っています。

FOCUS ON

宮本《みやもと》 久也《ひさや》 校長先生

School Data

◆**所在地**
東京都八王子市高倉町68-１

◆**アクセス**
JR八高線「北八王子駅」徒歩11分、JR中央線「八王子駅」「豊田駅」・京王線「京王八王子駅」バス

◆**TEL**
042-644-6996

◆**生徒数**
男子502名、女子457名

◆**URL**
http://www.hachiojihigashi-h.metro.tokyo.jp/

- ３学期制
- 週５日制（土曜授業年間20回）
- 月曜７時限、火曜～金曜６時限、土曜４時限
- 50分授業
- １学年８クラス
- １クラス約40名

東京都立
八王子東高等学校

HACHIOJI HIGASHI SENIOR HIGH SCHOOL

きめ細やかな指導体制が魅力 新たな取り組みもスタート

東京都から進学指導重点校に指定されている東京都立八王子東高等学校。きめ細やかな進路指導が実を結び、毎年国公立大へのすばらしい合格実績を出しています。今年度から「八王子東の探究」という新たな取り組みもスタートし、今後の教育に期待が寄せられます。

新制服が導入され 新たな目標も設定

東京都立八王子東高等学校（以下、八王子東）は１９７６年（昭和51年）に開校されました。２００１年度（平成13年度）に東京都の第1回進学指導重点校に指定され、現在も継続して指定を受けています。進学指導重点校7校のなかで、最も歴史の新しい学校として注目されてきました。

２０１６年（平成28年）に迎えた創立40周年を機に、新制服の導入が検討され、今年度入学生から新制服となりました。八王子東ならではの茶系の色は変わらず、動きやすいように女子のスカートの形が少し変わるなど、伝統と機能性を合わせもったデザインです。

八王子東は、「高い志」と「高い進路志望」を学校のミッションとして、その実現を追求し続けています。また、教育目標に「健康・勉学・良識」が掲げられ、「人間尊重の精神を基調とし、心身共に健康で知性と感性に富み、思いやりと規範意識のある生徒の育成」をめざしています。

宮本久也校長先生は「これまでの教育目標に加え、これからはさらに『変化するグローバル社会の中で活躍することができる生徒の育成』も意識していきたいと考えています。そうした生徒に必要なのが、『健康・勉学・良識』です」と話されます。

幅広く学ぶカリキュラム 充実したサポート体制

八王子東では「毎日の授業を大切にする」ことを基本に、日々の学習指導が行われています。

カリキュラムは、高1・高2は共通履修で、文理の偏りなく基礎学力の定着を図ることがめざされています。特徴は、高2までに理科で化学基礎・生物基礎・物理基礎・化学が必修とされていることです。高3からは文系・理系に分かれ、希望進路に対応した多様な選択科目が用意されます。「生徒には文系・理系を問わず、幅広く学んでほしいです。多くの生徒が国公立大への進学を希望しているので、それに対応したカリキュラムを組んでいます。文系・理系の割合は4・5：5・5と理系の方が若干多いです」と宮本校長先生。

習熟度別授業も行われており、全学年の英語と高3の数学の一部で1クラス2展開で実施されています。

補習や講習制度が整備されているのも大きな魅力です。高1・高2で

は、平日の始業前の時間や、夏期や冬期の長期休業中に講習が設けられています。夏期講習は、部活動との両立にも配慮され、午前と午後で同じ講座が実施されます。高3には大学入試に向けた実践的な講習が用意されます。1学期の期末考査終了直後から放課後に夏期講習が開かれ、

新制服

今年度入学生から導入された新制服。撥《はっ》水《すい》性やストレッチ性が付加され機能的になりました。女子生徒はリボンまたはネクタイを選ぶことができ、スカートのほかにスラックスも用意されています。

行事

スポーツ大会

海外研修旅行

スポーツ大会は5月に2日間をかけて行われ、サッカー、バレーボール、ドッジボールの3種目があります。海外研修旅行は希望者を対象としたもので、隔年で台湾に行き、姉妹校の生徒と交流します。

夏季休業を通して行われます。2学期に入ると放課後に秋期講習があり、2学期の期末考査後には冬期講習が行われ、入試まで継続的に生徒をサポートしています。

探究活動をする 新たな科目を設定

八王子東では、今年度入学生から「八王子東の探究」という取り組みも始められました。「自ら『問い』を設定し、その答えを探り出すために、知識や考え方を組み合わせることで解決策を創造し、他者に伝える力」を身につけさせることを目標としています。

取り組みのスタートとして、入学直後に3日間の「探究オリエンテーション」を実施しました。東京大の教授や東大生とともに哲学をテーマに対話を重ねるという取り組みです。

「哲学とは問い続ける学問です。いままで生徒にとって『問い』とは与えられるものだったと思いますが、これからは『問い』を自分で見つけていくことが大事です。生徒の感想には、『問いを見つけることの難しさとだれかと意見を共有することの楽しさを知った』『色々な人の自分とは違う考えを知ることはおもしろかった』といったものがありました。こうした経験が、今後自分と違う考えを持つ人となにかをしていくための基礎になればと思っています」(宮本校長先生)

それを発展させるものとして高1で「国語探究」という学校必修科目が設けられています。「国語探究」は、言葉を介して生徒に色々なことを深く考えさせる授業です。例えば、5人ずつのグループに分かれ、グループ内で話しあいながらインタビューしたい人を決め、5つの質問を考えます。そして最後にグループごとに発表するといったことが行われています。

「まだ始まったばかりで試行錯誤の段階ですが、対話をしながら物事を考えさせるということを、1年を通じて行っていきたいと考えています。これからの社会は自分で課題を見つけ、その課題をほかの人と知恵を出しあって解決することが求められます。言葉を使いこなせていれば、より深く話しあえますから、言葉を1つの切り口として、探究活動に取り組みたいと思います。2019年度入学生から探究活動をほかの教科にも広げ、3年間を通して実施する予定で準備を進めています」(宮本

しらかし祭

文化祭・縁日

文化祭・演奏

文化祭・垂れ幕

体育祭・リレー

体育祭・応援

体育祭・女子騎馬戦

文化祭と体育祭からなるしらかし祭。文化祭では校舎に垂れ幕がかけられ、縁日や演奏などの企画が催されます。体育祭は縦割りで団が組まれ、リレーや騎馬戦といった種目で競いあいます。

探究活動

探究オリエンテーション

総合的な学習の時間

国語探究

八王子東は独自の探究活動に取り組んでおり、高1を対象とした探究オリエンテーションでは、哲学をテーマに対話します。さらに総合的な学習の時間や今年度新たに設定された「国語探究（高1）」でも探究活動を行っています。

画像提供：東京都立八王子東高等学校

校長先生）

　このほか、八王子東では外部から専門家や大学の教授を招き、理数系の専門的な学びに取り組む機会や、姉妹校である台湾の高雄高級中学と相互交流を行うプログラムがあります。「今後は、国際交流プログラムをさらに発展させ、生徒たちによりグローバルな視点を持たせたいです」と宮本校長先生。

面倒見のいい指導が高い実績につながる

　八王子東には、前述したように国公立大を希望する生徒が多くおり、実際に、現在6年連続で110人以上の現役合格者を出しています。卒業生の3人に1人が現役で国公立大へ入学していることになり、既卒生も含めると、2人に1人の実績です。

　こうしたすばらしい実績は、学校全体で生徒たちをサポートしようという面倒見のいい進路指導から生まれています。年に5回の面談を行うとともに、高2・高3の2年間はクラス替えをせず、担任も替わらないため、生徒とのきずなを深めつつ、指導を行うことができます。また、定期考査・実力テスト・模擬試験の結果や面談の内容は個々のファイルにまとめられ、進路指導に活かされます。卒業生の進路結果は、次年度の5月に行われる進路結果報告会でほかの学年の教員と共有されるなど、きめ細かな指導が行き届いています。

　熱心な教員が多く、生徒と教員の距離が近い温かな雰囲気のなかで学べる東京都立八王子東高等学校。新たな取り組みもスタートし、さらに魅力を増しています。最後に宮本校長先生は「本校の生徒は真面目で素直な生徒が多いです。高い能力を持っており、まだまだ伸びるという可能性を感じるので、その可能性を伸ばせる学校でありたいと思っています。好奇心を持ち色々なことに積極的にチャレンジしようという生徒を待っています」と語られました。

2018年度（平成30年度）大学合格実績　（ ）内は既卒

大学名	合格者数	大学名	合格者数
国公立大学		私立大学	
北海道大	5（4）	早稲田大	35（16）
東北大	9（2）	慶應義塾大	17（7）
筑波大	4（0）	上智大	14（4）
千葉大	4（2）	東京理科大	42（15）
東京外大	2（0）	青山学院大	33（6）
東京学芸大	10（1）	中央大	59（14）
東京工大	6（2）	法政大	62（22）
お茶の水女子大	1（0）	明治大	74（24）
一橋大	8（0）	立教大	21（1）
横浜国立大	13（5）	学習院大	5（1）
京都大	3（2）	国際基督教大	1（0）
その他国公立大	87（23）	その他私立大	375（122）
計	152（41）	計	738（232）

和田式教育的指導

夏休みに過大な期待をせずに無理のない計画を立てよう

夏休みは受験生にとってのターニングポイントです。
この時期の過ごし方によって、秋からの成績の伸びが変わり、合否に大きく影響します。
しかし焦りは禁物。ここで無理をすれば逆効果になります。
余裕のある計画を立てて、しっかりと力をつけましょう。

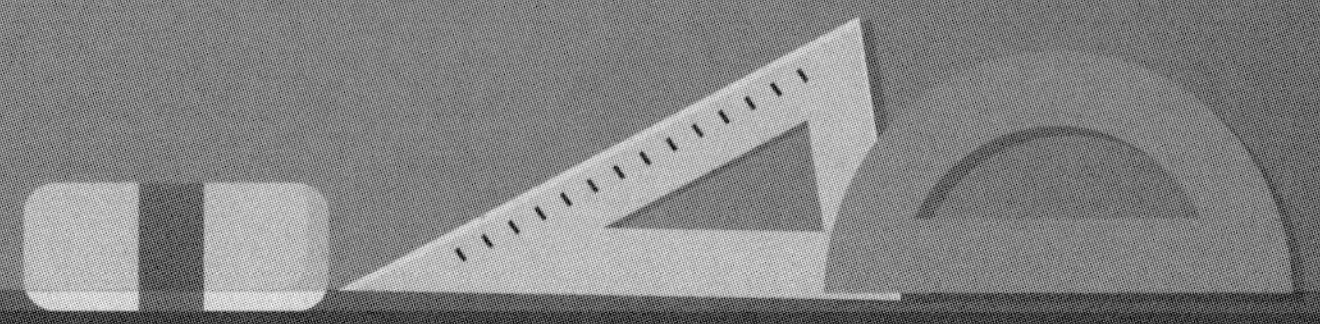

90分単位で1コマ 1日5コマをめざして

毎年、私はこの時期に「夏休みに過度な期待をするな」と言っています。夏休みだからと欲張って、あれもこれもしようとする人がいますが、無理なスケジュールを立てると大概、途中で計画が狂ってしまい自滅してしまうからです。

高校受験生なら、1日にできる勉強は、大体1時間半を5コマ（90分×5）程度と考えてください。例えば、朝食前に1コマ勉強する。続けて午前中に2コマ、昼しばらく休んで、就寝までに2コマやるといった具合にしてみます。これで1日5コマ＝7時間半になります。このくらいの勉強時間を毎日作ることが大事だと思います。

1コマを90分とするのは、人間の集中が続く時間がこれくらいだからです。また、実際の入学試験も、大学受験は1教科で90分程度、高校受験なら60分程度が多くなっています。ですから、90分間集中を続けるためのトレーニングの意味も含めて、1コマを90分とするのが将来的にもいいでしょう。1コマには1教科をあてるのが基本ですが、そこは自分のペースも考えて配分してください。

なにをやるか なにを優先させるか

次に、夏休みになにをやりたいかを具体的に決めて、勉強計画を立てます。例えば数学の問題集を200ページやろうと決めれば、1週間に40ページやることになります。1週間で確実にこなすためには、40ページを7日でなく5日で割るのがコツです、そうすると1日8ページになります。計画は予定通りに進まない日が必ず出ます。それを補うのが残りの2日間です。月～金の5日間取り組み、土曜日は予備日にあて、予定通り進まなかったぶんをここで調整します。そして日曜日は復習にあてる、というスケジュールを1週間のローテーションにします。これなら、予定の遅れを取り戻せるうえに、復習もできるわけです。

また、勉強はあれこれ手を出さず、「こ

和田秀樹《わだひでき》

1960年大阪府生まれ。東京大学医学部卒、東京大学医学部附属病院精神神経科助手、アメリカのカールメニンガー精神医学校国際フェローを経て、現在は川崎幸病院精神科顧問、国際医療福祉大学心理学科教授、緑鐵受験指導ゼミナール代表を務める。心理学を児童教育、受験教育に活用し、独自の理論と実践で知られる。著書には『和田式　勉強のやる気をつくる本』(学研教育出版)『中学生の正しい勉強法』(瀬谷出版)『[改訂新版]学校に頼らない 和田式・中高一貫カリキュラム』(新評論)など多数。初監督作品の映画「受験のシンデレラ」がモナコ国際映画祭グランプリ受賞。

れだけはやらなければいけない」というものから取り組むように、優先順位を考えることも大切です。

苦手科目の克服に時間をさかない

夏休みの勉強に苦手科目の克服をあてるのもいいでしょう。集中して苦手科目に取り組めるのは、時間のある夏休みが適している場合もあります。

しかし、そればかりをやるのではなく、ほかの科目も勉強することをおすすめします。なぜなら、苦手科目の勉強は嫌になりやすいですし、やっているわりに伸びないリスクがあるからです。ですから、残りの半分の時間は得意科目にあて、点を取れる科目を確実に伸ばすことも忘れないようにしましょう。

あとは生活リズムを崩さないこと。夏休みだからといって、それまでの早寝早起きの習慣から夜遅くまで起きていて、起床も遅くなるといったリズムになると、2学期が始まったときに身体や脳のコンディションを崩してしまいます。

和田先生に聞く お悩み解決アドバイス

Q 計画通りに勉強できないと自己嫌悪に陥ってしまう

A 計画は思い通りにいかないと思っておこう

そもそも、計画は思い通りに進まないのが当たり前なのです。どんな計画も、立てているときはこれで完璧だと思い、満足しています。しかし、いざ計画を実行すると、必ずうまくいかないことや、思わぬアクシデントが起こります。計画にはトラブルが起こることは書かれていませんから、1つでもトラブルがあれば、計画は狂っていきます。

本文でも説明しましたが、夏休みの勉強計画は、週の勉強プランがあっても、それがうまくいかない日のために予備日を作るといいでしょう。もしうまくいけば計画は順調に進むので問題ありませんが、もし遅れても、予備日があるので安心できます。

夏休みの段階で、計画通りにいかなくて落ち込んでしまうと、その後はさらに焦ってしまうでしょう。そのためにも計画は詰め過ぎず、狂った際に調整できる予備日をどこかに入れること、またトラブルがあっても、気にせず新たな計画を立てる柔軟性がほしいところです。

JUNTEN
文部科学省SGH指定校
スーパーグローバルハイスクール
180th
Anniversary
英知をもって国際社会で
活躍できる人間を育成する。

創造的学力・国際対話力・人間関係力の３つの資質・能力を形成する特色教育

【進学教育】理数選抜類型・英語選抜類型・特進選抜類型の類型制によって学力を伸展すると共に、全類型対象に2年2学期から課外講座を実施し、生徒一人ひとりの高度な進路を実現します。

【国際教育】グローバルな国際社会に生きるために、英検取得・国際理解・国際交流・海外研修などの分野において、実践的な諸活動を展開します。平成26年度より文部科学省からSGH（スーパーグローバルハイスクール）として指定され、グローバル社会で主体的に活躍するための教育が展開されています。

【福祉教育】心豊かな人間性や社会性を育むために、多彩なボランティア活動を提供し、自主的な活動を促進します。

学校説明会 生徒・保護者対象 要予約

7月16日（月祝）	10:00～帰国入試対象	
7月29日（日）	9:00～都内生対象	13:00～都外生対象
8月26日（日）	9:00～都内生対象	13:00～都外生対象
10月27日（土）	13:00～都内生対象	15:00～都外生対象
11月10日（土）	13:00～都内生対象	15:00～都外生対象
12月 1日（土）	13:00～都内生対象	15:00～都外生対象

個別相談会 生徒・保護者対象 要予約

7月29日（日）	10:30～都内生対象	14:30～都外生対象
8月26日（日）	10:30～都内生対象	14:30～都外生対象
10月27日（土）	14:30～都内生対象	16:30～都外生対象
11月10日（土）	14:30～都内生対象	16:30～都外生対象
12月 1日（土）	14:30～都内生対象	16:30～都外生対象
12月24日（月振）	9:00～12:00 都内・都外生対象	

北斗祭（文化祭） 9月23日（日祝）12:00～15:00・24日（月振）9:00～15:00

＊詳細は随時ホームページに掲載します。

順天高等学校

王子キャンパス（京浜東北線・南北線 王子駅・徒歩3分）
東京都北区王子本町1-17-13　TEL.03-3908-2966
新田キャンパス（体育館・武道館・研修館・メモリアルホール・グラウンド）
http://www.junten.ed.jp/

教えてマナビー先生!

世界の先端技術

ヘッドマウントモニター

search

▶マナビー先生

日本の某大学院を卒業後、海外で研究者として働いていたが、和食が恋しくなり帰国。しかし科学に関する本を読んでいると食事をすることすら忘れてしまうという、自他ともに認める“科学オタク”。

手術中の身体のなかの状態を医師の目の前にリアルに再現

近年、医学がすごく進歩して、手術で治る病気が増えてきている。今回紹介するのはそんな手術で活躍するヘッドマウントモニターと言う装置だ。

現代の手術は低侵襲《ていしんしゅう》手術といって、患者さんの身体への負担をできるだけ少なくした手術が求められている。腹部の手術でも腹腔鏡《ふくくうきょう》手術といって患者さんの腹部には小さな穴をあけるだけで内部を見ながら手術ができる装置や、ロボットによる手術が世界中で行われているんだ。

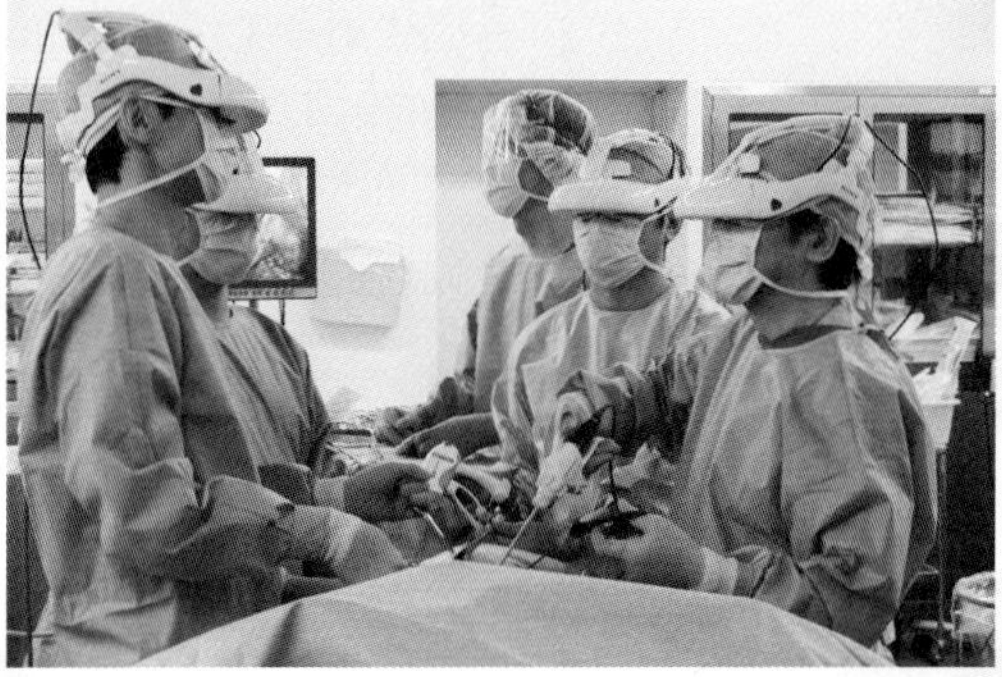

ヘッドマウントモニターを使った内視鏡手術シーン
(写真:©東京医科歯科大学)

東京医科歯科大学の木原和徳特任教授とソニーが共同で開発したのが、内視鏡手術で使用するヘッドマウントモニターだ。

ヘッドマウントとは頭につけるという意味で、装置には2つの小さなモニターがついている。それぞれのモニターが左右の目に画像を送ることで、3Dの立体画像を見ることができるわけだね。これで手術患部の奥行きを高精細・高精度に把握でき作業が容易になったうえ、視線を動かすだけで、画面のなかでピクチャーインピクチャーという内視鏡の画像とは別の画像も見ることができるようになっている。

いくつもの情報を首や頭全体を動かすことなく、視線を動かすだけで把握することができるようになっているんだ。このことで、手術医は目の前の手術だけに集中できるようになったんだ。じつは、これはすごい進歩なんだよ。

この装置の開発にはさまざま困難があった。例えば、手術中は感染症を防ぐため医師は装置に直接触ることができない。それなのに、ときには6時間にもおよぶ手術もある。そんなとき、目につけているモニターが正しい位置からずれてしまうと大変だ。だからと言って強く締めつけすぎては痛みで手術に集中できなくなる。

また、装置には情報を送るケーブルがついている。手術中にケーブルがはずれて画像が表示できなくなるなんてことが起こっては一大事だ。

そんなアクシデントにも対応できるよう、何度も臨床試験やミーティングを行って改良していった。長時間の使用でディスプレーがずれてしまったときには看護師が簡単に調節できるような仕組みも作った。医療機器だから安全は一番大事なんだ。

現在開発中の「ガスレス・シングルポート・ロボサージャン手術」では、3Dの立体視画像、拡大鏡、俯瞰視画像、超音波の画像などを医師の頭の動きだけで切り替えて、手術を行うことができる。

画像はチームを組んだほかの医師も見ることができることで、情報を共有できるのも手術時間の短縮に貢献したんだ。もしものときには、こんな装置を使って、できるだけ痛みのない、短時間の手術が受けられるようになるといいね。

※このページは37ページから読んでください。

＝ツナラマとラ・トマティーナの成功をまねて、たくさんのほかの町が新しいお祭りを始めた。
(⑥), one of the small towns in South Korea has a *Mud Festival.
＝(⑥)、韓国の小さな町の１つには泥祭りがある。
During this event, visitors play mud games and take warm mud baths for a week.
＝このイベントの間、観光客は１週間、泥のゲームをして温かい泥風呂につかる。
It started in 1998, and since then the Mud Festival has brought about two million visitors to the town.
＝1998年に始まり、それ以来、泥祭りは町におよそ200万人の観光客を招き入れた。
Another special festival is a *bathtub boat race in a Belgian town.
＝また別の特別なお祭りが、あるベルギーの町での風呂桶競争だ。
Then there is a small town in California.
＝そして、カルフォニアに小さな町がある。
It has a competition of *pillow fighting.
＝そこでは枕投げ競技会が行われている。
For a short time each year, ⑦these towns become overcrowded with tourists.
＝毎年、短い期間だが、これらの町は観光客で大混雑している。

問６　空所⑥に入れるのに最も適切なものを選び、記号で答えなさい。
ア. But　イ. Then　ウ. So　エ. For example

ア～エの意味は、わかっているよね。
But＝だが　Then＝そのとき、それから
So＝そう、そんなふうに　For example＝例えば
という意味だ。
「ツナラマとラ・トマティーナの成功をまねて、たくさんのほかの町が新しいお祭りを始めた」と書かれていて、続いて「(⑥)、韓国の小さな町の１つには泥祭りがある」というのだから、「たくさんのほかの町」の１つとして「韓国の小さな町」があげられているわけだよね。
これは、エの「For example」しか考えられない。

正解　エ

問７　下線部⑦はいくつの町を指すか、英語で答えなさい。

下線部⑦の町は、「ツナラマとラ・トマティーナの成功をまね」した「たくさんのほかの町」だ。
それは、1998年に「Mud Festival」を始めた「one of the small towns in South Korea」。
それから、「bathtub boat race」を始めた「a Belgian town」。
もう１つは、「a competition of pillow fighting」の「a small town in California」。これら３つの町だ。

正解　three

最後に【　D　】の段落の解説をしたいところだが、残念にも、もう紙数が尽きた（＝予定の長さまで書いてしまった）。しかし、英語の長文問題がどういうものかは、わかったと思う。
実際のところ、これよりも２倍も３倍も長い文章を出題する高校は珍しくない。だから、自分の志望する高校の過去問を少なくとも10年ぶんは解くべきであり、さらにそれだけでなく、他校の長文問題もできるだけたくさん解くと効果が高いだろう。

※このページは37ページから読んでください。

＝これが地方祭り、世界で④(small / the / has / famous / made / town / very) ラ・トマティーナだ。

では問２から問いていこう。

問２　②、③を適切な形にしなさい。

②は、「ラ・トマティーナと callされる（＝呼ばれる）トマト祭り」ということで、calledであり、③はトマトを投げあう合戦だから、「飛び交う＝flying」だね。

正解　**②＝called　③＝flying**

問３　下線部④が「その小さな町をとても有名にした」となるように（　　　）内の語を正しく並べ替えなさい。

問３も難しくはない。文を短く切って組み立てるとミスを防げる。

「その小さな町」＝the small town
「とても有名」＝very famous
「～にした」＝has made

正解　**has made the small town very famous**

問４　空欄に、指定された語数の語句を入れ、質問に対する答えを完成させなさい。

Q : What kind of tomatoes do they use for La Tomatina?

A : They use tomatoes ＿＿＿＿6語＿＿＿＿.

これは、『ラ・トマティーナではどんなトマトが使われたのか？』という問いだ。もちろん、食べるのに向かないトマト＝tomatoes which are not good to eat.だね。

正解　**which are not good to eat**

次は【　B　】の段落だ。

Another strange festival is celebrated in the town of Port Lincoln, Australia.
＝もう１つの変わったお祭りは、オーストラリアのポート・リンカーン町で祝われているものだ。
Each year the town has a *competition to see how far people can throw a *tuna fish.
＝毎年、その町ではマグロをどこまで遠く投げられるかを見ようという競技会がある。
This festival, Tunarama, is becoming popular.
＝この“ツナラマ”というお祭りは、評判が高まっている。
Visitors come from all over Australia.
＝オーストラリア中から人々が（見物に）訪れる。
The festival was a small competition among local people when it started, but now an Olympic athlete has the *record for the longest tuna throw.
＝このお祭りが始まったときは、地元の人たちのささやかな競技会だったが、いまやオリンピック選手がマグロ投げの最長記録を持つ（ほどになっている）。As the festival has grown, ⑤Port Lincoln has grown, too.
＝お祭りは大きくなり、ポート・リンカーンもまた大きくなった。
People are building new homes, and the local *economy is stronger than before.
＝人々は家を新築し、その地方の経済は前よりも成長した。

問５を解こう。

問５　下線部⑤の具体例として当てはまるものを以下の中から２つ選び、記号で答えなさい。

ア．More tuna fish are caught in Port Lincoln.
イ．New homes have increased in Port Lincoln.
ウ．An Olympic athlete from Port Lincoln made a new record.
エ．Port Lincoln has become richer than before.
オ．The land of Port Lincoln has become larger.

イは『ポート・リンカーンに新築の家が増えた』であり、エが『ポート・リンカーンは以前よりも裕福になった』だね。

正解　**イ・エ**

次は【　C　】の段落。

Many other towns hoped to *copy the *success of Tunarama and La Tomatina, and started to have new festivals.

※このページは37ページから読んでください。

festival (⑨). In California, some local people say the pillow fighting festival creates too much traffic and is bad for the environment.

Some of the festivals have (⑩), but the fun will continue. If these towns don't have festivals, shops and restaurants may not have enough (⑪). More small towns want tourists to visit, so they may make strange (⑫). Who knows—maybe your town will be next.

＊注：entertain 楽しませる　attract 魅了する　tourist(s) 観光客　fame 良い評判　mess 散乱状態　safety glasses 保護メガネ　fight 合戦　competition 競技会　tuna fish まぐろ　record 記録　economy 経済　copy まねる　success 成功　mud 泥　bathtub 風呂桶　pillow 枕　overcrowded ひどく混雑した

まずは第一段落を、ざっと日本語に置き換えてみよう。

Have you ever taken part in a festival?
＝お祭りに参加したことがありますか？
Was it fun?
＝お祭りはおもしろかったですか？
Did many people come to the festival?
＝そのお祭りに人がたくさん来ましたか？
When we look around the world's festivals, we can find strange festivals especially in small towns.
＝世界中のお祭りを見渡すと、とくに小さな町に変わった祭りがあると気づきます。
Big cities have museums, sports teams, and shopping centers to *entertain visitors.
＝大都市には、訪れる人たちを楽しませる博物館、スポーツチームやショッピングセンターがあります。
But it is not so easy for [　①　].
＝しかし［　①　］は簡単ではありません。
Often, a strange festival is the only thing to *attract *tourists.
＝しばしば、変わったお祭りだけが観光客の心を引きつけるもの、ということがあります。
These festivals bring *fame and fun.
＝そういうお祭りは評判がよくて楽しませてくれます。
At the same time, they will become an expensive *mess.
＝それと同時に、お金のかかる大騒ぎなものになります。
Let's look at some strange festivals in the world.
＝世界の変わったお祭りを見てみましょう。

問１　［　①　］に入れるのに最も適切な２語を同じ段落の中から抜き出しなさい。

この部分は、『大都市には、〜〜があります。しかし［　①　］は〜〜がありません』というのだから、［　①　］に入るのは、大都市＝Big citiesと対《つい》になる語句だなとわかるだろう。

そうすれば、すぐにsmall townsに目が行くね。

正解　**small towns**

続いて、②③④のある【　A　】の段落だ。ここからはいっしょに日本語訳もつけていこう。

There is a small town, Bunol in Spain. 9,000 people live there.
＝スペインにブノールという9000人の住む小さな町がある。
But for one day in August, there are 30,000 people in that town.
＝だが８月のある日、そこは３万人がいる町になる。
This is the day of "the tomato festival" ②(call) La Tomatina.
＝それはラ・トマティーナ ②(call) "トマト祭り"の日だ。
Thousands of people meet in the center of town and wear old clothes and *safety glasses.
＝数千人が町の中央に集まり、古着と保護メガネをかけている。
To the town, large trucks bring tomatoes which are not good to eat.
＝町には、大きなトラックが食べるのに向かないトマトを（大量に）運び込む。
Then suddenly, the world's biggest food *fight begins.
＝それから不意に、世界最大の食べ物合戦が始まる。
You can see ③(fly) tomatoes everywhere.
＝あらゆるところに③(fly)トマトが見られる。
People and buildings become red.
＝人も建物も真っ赤に染まる。
The street becomes a river of tomato juice.
＝通りはトマトジュースの川になる。
This local festival, La Tomatina, ④(small / the / has / famous / made / town / very) in the world.

【百四拾の巻】

不得意頻出問題2

英語

教育評論家 正尾佐の

高校受験指南書

「不得意頻出《ひんしゅつ》問題」シリーズの第２回は英語だ。

英語がそれほど苦手でない人でも、長い文を読むのはあまり歓迎しないだろう。そこで、今回は、英語長文問題をテーマにしよう。

といっても、じつはこの連載はページ数が限られている。本格的な長文を取り上げるのは、残念ながら無理だ。

それで、やむをえず長文のような問題にするしかない。というわけで、成城学園の問題を取り上げる。

次の文章は、世界のお祭りについて書かれたものです。文章を読み、以下の質問に答えなさい。

Have you ever taken part in a festival? Was it fun? Did many people come to the festival? When we look around the world's festivals, we can find strange festivals especially in small towns. Big cities have museums, sports teams, and shopping centers to *entertain visitors. But it is not so easy for [①]. Often, a strange festival is the only thing to *attract *tourists. These festivals bring *fame and fun. At the same time, they will become an expensive *mess. Let's look at some strange festivals in the world.

【 A 】There is a small town, Bunol in Spain. 9,000 people live there. But for one day in August, there are 30,000 people in that town. This is the day of "the tomato festival" ②(call) La Tomatina. Thousands of people meet in the center of town and wear old clothes and *safety glasses. To the town, large trucks bring tomatoes which are not good to eat. Then suddenly, the world's biggest food *fight begins. You can see ③(fly) tomatoes everywhere. People and buildings become red. The street becomes a river of tomato juice. This local festival, La Tomatina, ④(small / the / has / famous / made / town / very) in the world.

【 B 】Another strange festival is celebrated in the town of Port Lincoln, Australia. Each year the town has a *competition to see how far people can throw a *tuna fish. This festival, Tunarama, is becoming popular. Visitors come from all over Australia. The festival was a small competition among local people when it started, but now an Olympic athlete has the *record for the longest tuna throw. As the festival has grown, ⑤Port Lincoln has grown, too. People are building new homes, and the local *economy is stronger than before.

【 C 】Many other towns hoped to *copy the *success of Tunarama and La Tomatina, and started to have new festivals. (⑥), one of the small towns in South Korea has a *Mud Festival. During this event, visitors play mud games and take warm mud baths for a week. It started in 1998, and since then the Mud Festival has brought about two million visitors to the town. Another special festival is a *bathtub boat race in a Belgian town. Then there is a small town in California. It has a competition of *pillow fighting. For a short time each year, ⑦these towns become *overcrowded with tourists.

【 D 】After La Tomatina, many days of cleaning is needed at the center of Bunol. Some people have to paint their homes again. Others say the festival is a (⑧) of tomatoes. Tunarama has a problem, too. Every year there are fewer tuna fish in the ocean. In the future, people at the

国語

Wase-Aca Teachers

東大入試突破への現国の習慣

田中コモンの今月の一言！

リラックスした状態で記憶すればいつまでも忘れないものなのです

田《た》中《なか》としかね先生

早稲田アカデミー教務企画顧問

東京大学文学部卒業
東京大学大学院人文科学研究科修士課程修了
著書に『中学入試日本の歴史』『東大脳さんすうドリル』など多数。文教委員会委員長・議会運営委員会委員長を歴任。

慇・懃・無・礼?!
今月のオトナの四字熟語「軽妙洒脱」

「娘と一緒に旅行に出かけてきましたよ!」と嬉しそうに報告してくれたのは、筆者がもう15年も前に教えていた生徒のお母様です。娘さんの中学受験を全力でサポートされていた姿が、つい昨日のことのように思い出されます。このお母様、目的を達成するための最善策を常に探っているようなタイプで、具体的な要望や提案をわれわれ講師にもどんどん投げかけてきました。自らの仕事の経験に基づいた発言だと思いますが、娘さんの学習の進め方についても「基本はＰＤＣＡです」と断言していたのが印象に残っています。何のことだかわかりますか? ＰＤＣＡというのは「Plan・Do・Check・Action」の頭文字を並べた言葉で、Plan:計画を立てる→Do:実行する→Check:評価する→Action:改善する、になります。「学習の質を高めるためにはこのＰＤＣＡを継続しなくてはなりません」と、まるでビジネスコンサルタントのようでした。

それから15年。娘さんも社会人となって経験を積み、仕事も覚えて余裕が出てきたということでしょうか、休暇をとって母と娘の水入らずで時間を過ごすことができたのだそうです。「近畿地方を娘と二人でゆっくりと観光してきました。道中で何度も田中先生の話題になったんですよ」と、お母様。なんですって? わざわざ報告くださったのはそのせいですか! 私が何をしたというのでしょうか!?「行く先々で娘が地理や歴史や文学の知識を楽しげに披露してくれました。よくそんなことを知ってるわね? と聞くと、田中先生の授業で習ったというのです。それが何度もあって、もしかしてそれも? と聞くと、そう田中先生に習った、という会話が繰り返されていたんですよ」。なんとも面映いような、ありがたいお話です。「よく覚えているねと、感心しましたよ。もちろん先生の授業がよほど印象深かったんでしょうけれど。」いえいえ滅相もありません。今でこそ、にこやかにお話するお母様ですが15年前は常にぴりぴりとしていて戦闘モードだったんですよ。実はこのお母様からは、田中の授業に対する忠告を受けたことがありました。「先生の授業のお話は軽妙洒脱で曲者《くせもの》ですよね」と。これも印象に残っている言葉です。曲者だなんて言われたことは初めてでしたので、驚きましたよ。

軽妙洒脱は「けいみょうしゃだつ」と読みます。会話や文章が軽快で洗練されていることを表しています。「軽妙」は軽やかでしゃれていること、「洒脱」はさっぱりしていてこだわりがないことを、それぞれ意味しています。あわせて言葉の使い方の巧みな様を表現する四字熟語でしたが、最近では「味のあること」という意味も含まれるようになったため、ユーモアのセンスを表すこともあります。「彼の軽妙洒脱な話しぶりは……」という紹介があれば、もちろんほめ言葉になります。ですが、お母様の筆者への発言は授業をほめるつもりのものではないことはおわかりでしょう。曲者＝油断ができない、一筋縄ではいかない、と言っているわけですから。では、お母様は一体何を警戒していたのでしょうか？

授業には明確な目的がある！　というのがお母様の考えでした。カリキュラムに従って、決まった範囲内の知識を、確実に生徒に定着させること。これです。ですからその目的に沿って授業は計画通りに進められなくてはならない、ということになるのです。それにひきかえ筆者の授業というのは、脱線だらけで計画的だとは思えない！　という苦言が呈されたのです。軽妙洒脱には「こだわりがなく、さっぱりしている」という意味がありますが、裏を返せば明確な目的がないということでもあります。「生徒にこれとこれを覚えさせてテストで得点できるようにする」という目的を達成するためには、軽妙洒脱では心もとないということになるのです。たとえば近畿地方の地理を学習するカリキュラムに従った授業では、歴史の話や文学の話を取り上げるのは目的外の逸脱した行為であり、PDCAサイクルに照らして「無駄である」と判断されるならば、当然削除されるべき内容となるのです。にもかかわらず筆者の授業では「近畿地方って、どうして近畿っていうか知ってる？」からはじまって、歴史的な要素がふんだんに入り込みますからね。もちろんお母様もこれをまったくの無駄であるとは考えていなかったのでしょうが、地理のカリキュラムテストの出題範囲には関係がないというのはその通りですから、その悩ましさを表現するために「曲者」という言葉を使ったのでしょうね。

「娘が先生の物真似をするかのように説明してくれるのが、本当に愉快でした。リラックスした状態で授業を受けると、その内容はいつまでも忘れないものなのですね。娘が再現してくれた授業の様子でそれがよくわかります」。なるほど、それは新たな発見です。お母様。授業を受けている生徒の状態によって、知識の定着度が変わるというのは！　いかに生徒の気持ちをほぐしながら授業を進めていかなければならないか、という重要な視点ですね。授業の重点項目を改善するだけでは足りないということでもあります。筆者なりにPDCAサイクルを回して、理想の授業に一歩でも近づくようにこれからも精進していくことをお伝えしました。

グレーゾーンに照準！
今月のオトナの言い回し
「教え子」

筆者の友人にフランス人の国際ジャーナリストがいます。一緒にドライブすると80年代のヒット曲を流して盛り上がりますので、間違いなく同世代だとは思うのですが、年齢は不詳という女性です。筆者が学生の頃にはすでに日本のテレビに出演していましたので、30年近く日本でも活躍していることになりますけどね。その友人と会食しているときに、あることが話題になりました。それは日本人の女性が世界に大きな影響を与えているというもので、アメリカを中心に著作がブームとなり社会現象にもなっている、という話でした。具体的な内容については差し控えたいと思いますが、筆者が友人に対して伝えたことのポイントは「彼女は私の教え子なんですよ」ということでした。

日本での滞在歴も長く、筆者との会話も日本語でおこなっている友人ですが、「教え子」という言葉にはなじみがなかったらしく、意味がつかめなかったようです。「彼女は私の生徒だったんですよ」と言いなおして、はじめて彼女が小学生の頃に国語の学習を指導していたということを伝えることができました。

フランス人に「教え子」という言葉が伝わらなかったことで、あらためて意味を考えてみました。普段からなにげなく使っていますが、いざ外国語に翻訳するとなると、student＝生徒、という言葉では伝えきれないニュアンスがあることがわかります。文字通り伝えようとするならば「子ども」を意味する内容が必要となります。それでもchildを使うというのは変でしょうね。やはり「わが子」を意味するmy sonに近いニュアンスになるのではないでしょうか。

「教育を通じてわが子のようにかかわりを持ち続けている」とでもいえるようなメッセージが「教え子」という言葉には込められているように思います。けれども生徒の皆さんからすれば、いつまでも先生という立場から生徒扱いされるというのは、何だか弱点を握られているかのようで居心地が悪く感じてしまうのではないでしょうか。筆者もつい「彼女は教え子で」と口にしてしまいましたが、そうした先生意識の発露ではないかと反省しています。それでも、教え子の活躍を我がことのように喜んでしまうのは、先生の習性なんでしょうね。黙って喜びなさい、と言われればその通りなのですが。

ままにしておくものとする。　（群馬県）

＜考え方＞

素数は、1と自分自身以外には約数をもたない正の整数のことですが、1は素数のなかに含まれないことに注意しましょう。

＜解き方＞

(1)　2～9は、素数か、2または3の倍数のどちらかであるから、どの目が出ても塗りつぶされることのないマスは、**1**のみ。

(2)　さいころを1回投げたとき、「ビンゴ」となるのは下の表より、「1」と「3」の目が出た場合だから2通り。よって、その確率は、$\frac{2}{6}=\mathbf{\frac{1}{3}}$

さいころの出た目	1	2	3	4	5	6
塗りつぶされるマス	2、3、5、7	2、4、6、8	3、6、9	4、8	5	6

(3)　(2)より条件を満たすのは、1回目に2、4、5、6が出た場合。このとき2回目に「ビンゴ」となるのは、

[ア]　1回目が2の場合…2回目に1、3、5が出る

[イ]　1回目が4の場合…2回目に1、3が出る

[ウ]　1回目が5の場合…2回目に1、2、3が出る

[エ]　1回目が6の場合…2回目に1、3が出る

[ア]～[エ]より、10通りだから、その確率は、$\frac{10}{36}=\mathbf{\frac{5}{18}}$

続いて、コイン投げに関する問題ですが、考え方はさいころのときと変わりません。

問題2

座標平面上に点Pがある．1枚のコインを2回投げて，その表裏の出方によってPを，次のルールに従って移動させる．

【ルール】

表が続けて2回出たらx軸の正の方向に1だけ移動する．
表，裏の順に出たらx軸の負の方向に1だけ移動する．
裏，表の順に出たらy軸の負の方向に1だけ移動する．
裏が続けて2回出たらy軸の正の方向に1だけ移動する．

最初にPは原点Oにあり，コインを2回投げて移動させた後，再びコインを2回投げて移動させる．その後もこれを繰り返す．たとえば，コインを4回投げて表，表，裏，表の順に出た後のPの座標は（1，−1）である。

(1)　コインを4回投げた後，Pが原点に到達する確率を求めよ。

(2)　コインを6回投げた後，Pがx軸上の点に到達する確率を求めよ。

（大阪星光学院・一部改略）

＜考え方＞

点Pの移動はコインを2回投げることで決まるので、これを1つの操作と考えましょう。

＜解き方＞

コインを2回投げたときの表裏の出方は、(表、表)、(表、裏)、(裏、表)、(裏、裏)の4通りで、その出方による点Pの移動を、それぞれ、E、W、S、Nとする。

(1)　コインを4回投げた後のPの移動の仕方は、全部で4×4=16通り。このうち、Pが原点に到達するのは、

[ア]　移動EとWが1回ずつ起こる　⇒　(E、W)、(W、E)の2通り

[イ]　移動SとNが1回ずつ起こる　⇒　(S、N)、(N、S)の2通り

[ア]、[イ]より、その確率は、$\frac{2+2}{16}=\mathbf{\frac{1}{4}}$

(2)　コインを6回投げたあとのPの移動の仕方は、全部で4×4×4=64通り。このうち、Pがx軸上の点に到達するのは、

[ウ]　3回の移動が、すべてEまたはWである　⇒　2×2×2=8通り

[エ]　3回の移動のうち、1回がEまたはWで、残りはSとNが1回ずつ起こる

⇒　E、S、Nの組み合わせになるのが、(E、S、N)、(E、N、S)、(S、E、N)、(S、N、E)、(N、E、S)、(N、S、E)の6通りあり、W、S、Nの組み合わせになるのも同じく6通りあるから、計12通り

[ウ]、[エ]より、その確率は、$\frac{8+12}{64}=\mathbf{\frac{5}{16}}$

最後は少し考えにくい問題でしたが、確率の問題では、どのような場合に条件を満たすのかがわかりにくいこともしばしばあります。その意味で、ぜひもう一度自分で解きなおして考え方のポイントをつかんでほしいと思います。計算が複雑になることはあまりありませんが、きちんと整理して解かないと漏れや重複が起こりやすくなります。色々なタイプの問題に挑戦して解き方のコツを理解し、確率を得意分野の1つにしていきましょう。

数学

Wase-Aca Teachers

楽しみmath数学！DX

登木 隆司先生

早稲田アカデミー　第一事業部長
兼 池袋校校長

色々なタイプの問題に挑戦して「確率」の解き方のコツを理解しよう

今月の学習内容は「確率」です。

中学の確率では、樹形図や表を利用してすべての場合を調べ上げるのが基本です。けれども、すべてを数え上げると総数がかなり多くなる問題が出題されることもあります。このようなとき樹形図の「枝分かれの仕方」が規則的であれば、それを利用して総数を計算で求めることも必要でしょう。ある程度結果を予測しないと、書き上げるのが大変なうえに、ミスを起こす可能性も高くなるからです。

また、樹形図や表を書くときには、数の小さい順やABC順など、書き上げる順番のルールを決めて、それに基づいて確実に書き上げることが、漏れや重複を防ぐうえでとても大切になります。

はじめに、さいころと整数の性質に関する問題です。

問題１

右の図のような，９つのマスにそれぞれ１から９までの数字が順に書かれたカードと１個のさいころを使って，次のルールでゲームを行う。後の⑴～⑶の問いに答えなさい。

BINGO!

1	2	3
4	5	6
7	8	9

―――――― ルール ――――――

さいころを投げて，１の目が出たら，素数が書かれているマスをすべて塗りつぶす。２以上の目が出たら，出た目の倍数が書かれているマスをすべて塗りつぶす。縦，横，斜めのいずれかが３マスとも塗りつぶされたときに，「ビンゴ」とする。

――――――――――――――――

⑴　さいころを１回投げたとき，どの目が出ても塗りつぶされることのないマスはあるか。あればそのマスの数字をすべて答え，なければ「ない」と答えなさい。

⑵　さいころを１回投げたとき，「ビンゴ」となる確率を求めなさい。

⑶　さいころを２回投げたとき，１回目に投げたところでは「ビンゴ」とならず，２回目に投げたところで，「ビンゴ」となる確率を求めなさい。

ただし，１回目で塗りつぶしたマスは，その

英語で話そう！

川村 宏一先生
早稲田アカデミー　事業開発部
英語研究課 上席専門職

朝がちょっぴり苦手な中学３年生のサマンサは、父（マイケル）と母（ローズ）、弟（ダニエル）との４人家族。

ある日、家族４人で夕食を食べにレストランにやってきました。

Restaurant staff：Good evening, sir. How many people?
店員　　　　　　：いらっしゃいませ。何名さまですか？

Michael　：Four, and I don't have a reservation.…①
マイケル：４人です。それと、予約をしていないのですが。

Restaurant staff：No problem, sir. There are tables available.…②
店員　　　　　　：問題ありません。空席がございます。

Samantha：Can we have a table outside on the terrace?
サマンサ　：外のテラス席に座ることはできますか？

Restaurant staff：Certainly. Please follow me.…③
店員　　　　　　：もちろん大丈夫です。こちらへどうぞ。

今回学習するフレーズ

解説①　have a reservation	「予約をしている」 (ex) Do you have a reservation? 「ご予約はございますか」
解説②　There are tables available.	「空席がある」 (ex) Is there any tables available? 「空席はありますか」
解説③　Follow me(this way).	「こちらへどうぞ、ついてきてください」 (ex) Follow me. I'll show you to the office. 「こちらへどうぞ。オフィスまでご案内します」

みんなの数学広場

問題編

答えは46ページ

初級～上級までの各問題に生徒たちが答えています。
どの生徒が正しい答えを言っているか当ててみよう。
もちろん、当てずっぽうじゃなく、実際に問題を解いてみてね。

TEXT BY かずはじめ | 数学を子どもたちに、楽しく、わかりやすく、使ってもらえるように日夜研究している。好きな言葉は、"笑う門には福来る"。

上級

角Bが90度の直角三角形ABCにおいて、角BからACに垂線BHを下ろしたところBHの長さが6cmになりました。この三角形ABCの面積を求めなさい。

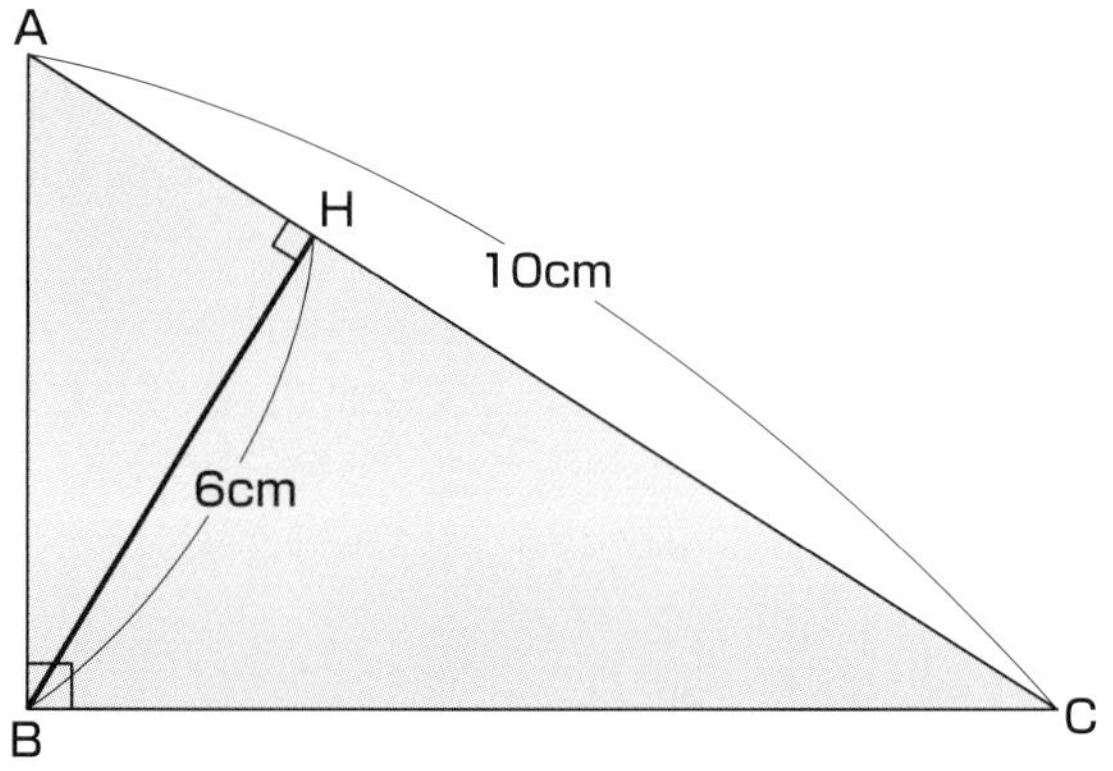

A

答えは…

30㎠

直角三角形だから…。

B

答えは…

32㎠

計算するとこう。

C

答えは…

できない

これ、変じゃない？
私が解けないから言ってるんじゃないよ!?

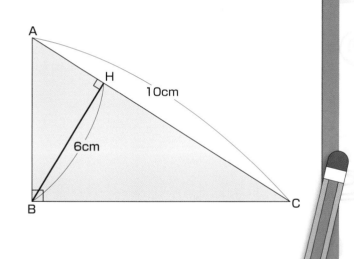

中級

右の正６角形ABCDEFに１本の直線を引いて三角形を２つ作ることはできますか？

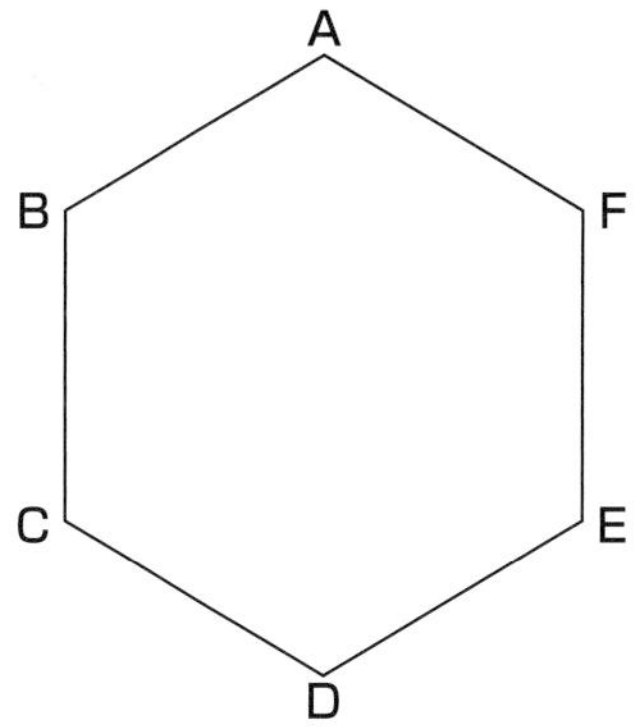

A

答えは…

できる

やってみるとできたからね。

B

答えは…

できたりできなかったり

その日の調子次第のような気が…。

C

答えは…

できない

何回やってもできないから！

初級

算数と数学。英語で言うと違う？　同じ？

A

答えは…

違う

辞書を見てみればすぐだよ。

B

答えは…

同じ

日本語だけ違うとかってありそうだよね。

C

答えは…

そのときどきで変わる

結構ニュアンスで変わったりして。

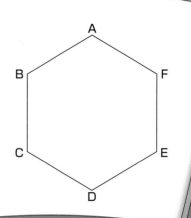

みんなの数学広場　解答編

上級

正解は C

そもそもこの三角形は存在しないのです！

BHの長さが「5」㎝ならばこの三角形は存在します。

なぜなら、

角B＝90度の直角三角形はACを直径とする円周上に角Bがあるのです。

これは「直径を通る円周角は90度」という円の性質によります。

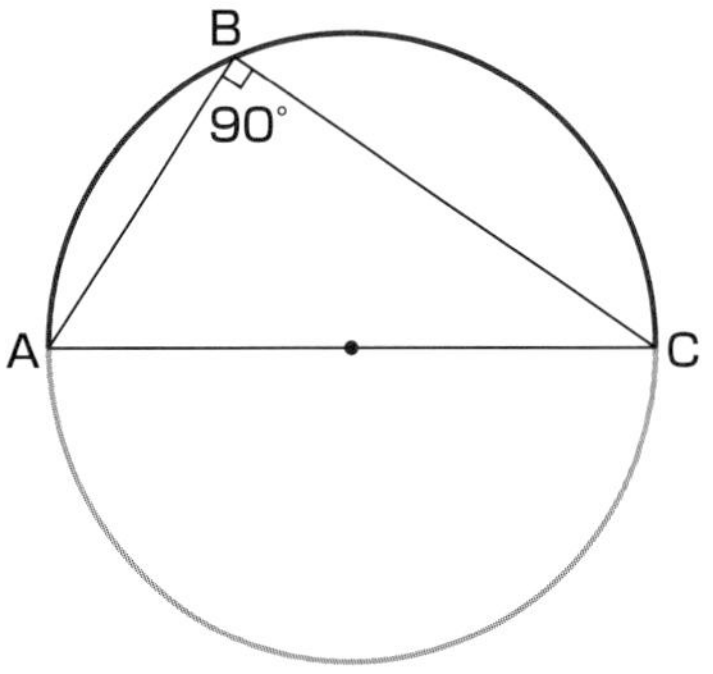

となると、この三角形の場合、直径10㎝の円にBがあるので、Bから下ろした垂線の長さが「6」㎝となると、半径5㎝を超えるのでおかしなことになります。

ちなみに、これはマイクロソフト社の入社試験に出たそうですよ。

A

思い込みだね。

B

32？　どこから出てきたんだろう？

C

やったね!!

中 級

正解は A

えっ？　できる？

先日、この問題を友人に出されて、“できるわけない！”と自信満々に答えた私。まんまと引っ掛かりました（涙）。

なぜできるかというと、それは「直線」の解釈によるからです。

直線は直線でも、太い１本の直線ならば…できる！

右のように太い、太い直線を１本引くと確かに三角形は２つできます。

「騙された感」は否めませんが、ときにはこういうのも、ね？

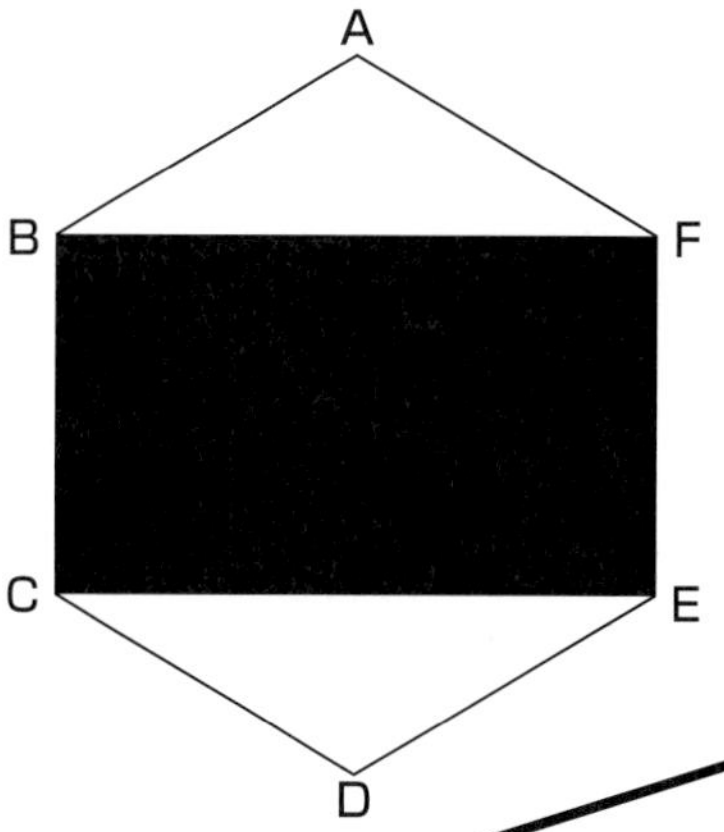
A
B
F
C
E
D

A
やったね!!
B
日によってできるとかできないとか、あるの？
C
私と同じ間違いだよ（笑）。

初 級

正解は C

算術…arithmetic

算数、数学…mathematics

計算に特化した単語として、arithmeticがあります。

ですから､会話によっては計算について話すこともあるでしょうから、

そういうときはarithmeticが使われたりもします。

だから、そのときの内容で変わることはありえるのです。

A
そう思うのも当然だね。
B
そうも思えるよね〜。
C
やったね!!

先輩に聞け！

大学ナビゲーター

学習院大学

経済学部　経済学科2年生

大谷《おおたに》 理貴《まさき》さん

経済学について学ぶとともに学芸員になるための勉強もしています

都心にありながらも緑豊かなキャンパス

——学習院大に入学した理由を教えてください。

「まだあまり受験を意識していなかった高1の秋ごろ、父が自身の母校、立教大を案内してくれることになりました。その前に、立教大の最寄り駅・池袋駅の隣の目白駅で降りて、学習院大も訪れたところ、都心なのに緑が豊かで落ち着いた雰囲気のキャンパスに惹かれました。

最終的に第1志望の立教大は不合格でしたが、第2志望の学習院大は学生も落ち着いた人が多くて過ごしやすいですし、所属する生物部の活動も自然豊かな環境で楽しんでいるので、入学してよかったと思います」

——どんなことを学んでいますか？

「1年のころ受講したのは、基礎ミクロ経済学、基礎マクロ経済学、統計学入門、経済情報入門といった経済学の基礎を学ぶ必修科目です。経済情報入門は前期と後期で内容が異なり、前期はパソコンを使ってワードやエクセルなどの使い方を勉強し、後期はより専門的な勉強が2年から始まるのを前に、オムニバス方式で色々な先生から研究内容について説明を受けました。

2年にあがると履修できる科目の幅が広がりました。いま一番楽しく受けているのは、『ゲーム理論』に関する講義です。ゲーム理論とは、『利害対立を含む複数主体のあいだの行

大学で珍しいチョウを発見！

大学で生物部に所属しています。部全体の活動は部会が週に1回、イベントが月に1回あるくらいで、それ以外は自由です。生物部の活動の幅はとても広く、動物園に行くのも、昆虫を採集するのも、木を植えて自然環境を整えるのも生物部の活動といえます。

そのなかで私はキャンパス内の自然を研究したいと思い、色々な生物を調査しています。晴れたらキャンパス内を散策して虫や鳥を観察したり、雨が降ったら採集した生物のデータをまとめたり、昆虫標本を作ったりと、天候にかかわらずほぼ毎日活動しています。敷地内にはタヌキ（！）もいるんですよ。昨年は何気なく育てていた幼虫が羽化したら、豊島区で約60年ぶりに発見されたチョウだったということがありました。その発見があって、ますます調査に熱が入るようになりましたね。

生物部の仲間と、夜のキャンパス内を探索することもあります

色々な生物が飼育されている生物部の部室内の様子

動原理をゲームの形で一般化した理論（広辞苑より）』をさし、簡単にいうと、相手の出方を予想しながら、どんな行動をとれば自分に一番利益が出るかを考える学問のことをいいます。その一例として、講義で学んだ『囚人のジレンマ』という有名なモデルを紹介します。

共犯の2人の容疑者が別々に尋問されている状況で、2人とも黙秘すれば懲役1年、片方が自白、片方が黙秘すると、自白した方は釈放、黙秘した方は懲役10年と刑が重くなり、両者自白の場合は、2人とも懲役5年になるとします。このとき、両者にとって最適なのは、ともに黙秘して懲役1年で出所することですが、自分の利益だけ考えれば自白して釈放されるのが一番です。でも相手も同じように考えていたら、結果的に両者黙秘の場合より懲役の年数が伸びてしまうため、黙秘か自白か、ジレンマが生じるというものです。

この理論はビジネスの現場でも応用されています。例えば他社が商品の値上げをするなか、自社のみ価格を据え置けば売り上げアップが見込めるかもしれない、でもそれでは利益が少なくなるかもしれない、というジレンマを抱えているわけです。企業はこのように消費者や競合他社の行動を予想しながら、自社に一番有益な経営戦略を考えているのです」

――経済学部の講義以外にどんな講義を受けていますか？

「学芸員の資格を取るための講義も受けています。各博物館の歴史や、国立と私立の博物館の違いなどを学ぶ基礎的な講義から、実際に昔の人が書いたくずし字を読み解いていく実践的な講義まで、さまざまなものがあっておもしろいです。教員になるためには教育実習が必要なことはよく知られていますが、学芸員も同じように博物館の実習で色々なことを学びます。ちなみに大学内にも一般公開されている史料館があります」

――今後の目標を教えてください。

「徐々に学ぶ内容が専門的になってくるので、そのなかで自分がおもしろいと思える科目を見つけて、深く学んでいきたいと思います。将来は学芸員の資格を活かして就職することも含め、色々考えていきたいです」

焦る気持ちが燃料に

高3の12月に受けた模試が過去最低の結果だったとき、とても焦りました。焦ることはあまりいいことではないとされていますが、合格したい一心で一番成績が悪かった日本史を最初から勉強し直したところ、最終的に日本史が一番の得点源になりました。そのときはその焦りが勉強を頑張るいい燃料になり、限られた時間で集中して勉強することができたのだと思います。

大学受験は挽回のチャンス

じつは当初は大学進学をあまり考えていなかったので、真剣に勉強していませんでした。でも色々考えた末に進学を決心して、そこから一生懸命勉強して学習院大に合格しました。そうした経験を経て思うのは、大学と高校の受験はまったく別物だということです。

例えば、高校受験で志望校に合格できたとしても、そこで油断して気を抜いてしまうと、大学受験では思うような結果が出ないかもしれません。反対に私のように、周りよりも遅いタイミングで受験準備を始めても、いくらでも挽回のチャンスはあります。大学受験は高校受験の延長ではないので、どの高校に行ってもまたもう一度ゼロからスタートするつもりで、大学受験に臨んでください。

ユメは叶う。そう、想える。

八王子高等学校では、3コース／3クラス／3類系の編成で、生徒一人ひとりの多様な可能性を最大限に引き出す教育を展開しています。

異なる個性や目標を持った仲間と過ごす3年間は、お互いの人格を尊重し合うという建学の精神を身をもって育む実践的な場でもあるのです。

●個性を活かす3コース/3クラス/3類系
●年々伸びる合格実績
●全国レベルを誇るクラブ活動

■文理コース（特進クラス／選抜クラス／進学クラス）
■総合コース（文科系／音楽系／美術系）
■アスリートコース

学園祭開催 9/29土・9/30日

八王子学園
八王子高等学校
Hachioji Senior High School

〒193-0931東京都八王子市台町4-35-1　Tel.042-623-3461(代)　URL http://www.hachioji.ed.jp　E-mail info@hachioji.ed.jp
※説明会は本校HPにて完全予約制です。　※詳しい学校紹介はHPまたは学校案内をご覧ください。
JR中央線「西八王子駅」から徒歩5分

あれも日本語　これも日本語

NIHONGO COLUMN　No.102

「口」の入った慣用句

今回は「口」の入った慣用句だ。

「口がすべる」は言ってはいけないことをつい話してしまうことだ。「だれにも言わないって約束したのに、口がすべって話してしまった」となったらまずいね。

「口が奢《おご》る」はおいしい食べものばかり食べてぜいたくになっていることだ。「彼は口が奢っているから安いものは食べないんだ」なんてね。

「口は災いのもと」は不用意な発言をして相手を傷つけたりすると、人間関係が壊れて自分にも災いがおよぶ、という意味だ。発言は慎重にしなくてはね。

「口舌《こうぜつ》の徒《と》」は口だけが達者で実行力の伴わない人のことだ。「彼は文句だけは言うけど、自分からはなにもしない。口舌の徒だ」なんて言われると情けないね。「くぜつのと」とも発音するよ。

「口から先に生まれる」は口数の多い人や口達者な人をあざけっていう言葉だ。「彼はとにかくよくしゃべる。口から先に生まれたみたい」とかね。ほめ言葉ではないね。

「鶏口《けいこう》となるも牛後《ぎゅうご》となるなかれ」はニワトリの口になってもいいが、ウシの後ろにはなるな、という意味で、大きな集団で使われるよりも、小さな集団の長となる方がいいという意味だ。中国の故事から出た言葉で「鶏口牛後」という四字熟語にもなっている。

「人口《じんこう》に膾炙《かいしゃ》する」は膾《なます》や炙《あぶ》った肉を多くの人が口にするということから、多くの人が知っていて口ずさむという意味だ。「その歌は人口に膾炙していてだれでも歌える」というふうに使う。

「口先三寸《くちさきさんずん》」は巧みな弁舌で相手をあしらうことだ。「生徒会の運営について抗議に行ったら、口先三寸で言い負かされてしまった」とかね。本来は「舌先三寸」というんだ。

「悪口雑言《あっこうぞうごん》」は口汚く、相手に悪口の限りを尽くすことだ。「口がすべって軽口をたたいたら悪口雑言わめかれた。やはり口は災いのもとだね」とかね。似た四字熟語に「罵詈雑言《ばりぞうごん》」がある。

「開口一番」は話し始めた途端、ということだ。「キャプテンはミーティングで開口一番、今季の優勝を宣言した」とかね。

文部科学省スーパーグローバルハイスクール（SGH）アソシエイト指定校
スーパーサイエンスハイスクール（SSH）〈2012～2017〉

国際教養コース　**理数キャリア**コース　**スポーツ科学**コース

学校説明会

7月29日（日）
8月25日（土）
9月16日（日）

授業が見られる説明会

9月15日（土）
10月13日（土）

学校説明会：入試解説

11月23日（金祝）

イブニングセッション

11月30日（金）

何でも相談会【要予約】

12月 8 日（土）
12月 9 日（日）

＊各回共、校舎見学・個別相談をお受けしています。

文女祭《あやめ》（学園祭）
9月29日（土）・9月30日（日）
入試相談できます

＊詳しくは本校ホームページをご覧ください。

文京学院大学女子高等学校
Bunkyo Gakuin University Girls' Senior High School

〒113-8667 東京都文京区本駒込 6-18-3
tel：03-3946-5301　mail：jrgaku@bgu.ac.jp　http://www.hs.bgu.ac.jp/
＊最寄り駅…JR山手線・東京メトロ南北線「駒込」駅南口より徒歩５分　JR山手線・都営三田線「巣鴨」駅より徒歩５分

今月のキーワード

潜伏キリシタン遺産

▲PHOTO 世界文化遺産に登録される見通しとなった「長崎と天草地方の潜伏キリシタン関連遺産」の構成資産の１つ、国宝「大浦天主堂」の内部（2018年4月2日）写真：時事

政府が国際連合教育科学文化機関（ユネスコ）に世界文化遺産として登録を申請していた「長崎県と熊本県天草地方の潜伏キリシタン関連遺産」について、ユネスコの諮問機関である国際記念物遺跡会議（イコモス）は5月、ユネスコに登録するよう勧告しました。

ユネスコは6月下旬から7月上旬にかけて中東のバーレーンのマナマで開催される世界遺産委員会の最終審査で正式に決定する見込みで、登録されれば、日本の世界遺産は22件目、文化遺産としては18件目となります。

キリスト教は1549年（天文18年）、イエズス会の修道士、フランシスコ・ザビエルが来日して伝えました。布教の結果、キリスト教を信仰する大名や庶民が増え、織田信長などは布教を容認しましたが、豊臣秀吉は1587年（天正15年）にバテレン追放令を出し、布教を禁止し、宣教師を国外追放にします。

江戸幕府もこの方針を踏襲し、1614年（慶長19年）にはキリシタン大名を国外追放とするなど、厳しく弾圧しました。

そうした厳しい環境のなかでも信仰を捨てなかった人々がおり、1637年（寛永14年）には、現在の長崎県島原でキリシタン農民ら3万8000人が原城に立てこもる島原の乱を起こしました。

乱は翌年、鎮圧されましたが、明治維新後にキリスト教が解禁されるまで、信仰は受け継がれてきました。こうした人々を潜伏キリシタン（隠れキリシタン）といいます。

潜伏キリシタンは仏教徒や神社の氏子を装って弾圧を免れたり、仏像に似せた独自のマリア像を信仰したりするなど、独特の信仰文化を育てました。

今回、登録が勧告されたのは原城跡、長崎県平戸市や五島列島、熊本県天草市などの潜伏キリシタンの集落、1864年（元治元年）に現在の長崎市に建てられた日本最古の教会である大浦天主堂など12の資産です。資産のなかには、遠藤周作が小説『沈黙』で描いた長崎市の外海地区も含まれています。地元では今回の登録勧告を受けて、観光客の誘致や資産の整備に力を入れていく方針です。

「潜伏キリシタン」と同時に自然遺産に登録を申請していた「奄美大島、徳之島、沖縄島北部および西表島」は今回、登録延期という厳しい勧告をなされたことから、政府や自治体はいったん推薦を取り下げ、対策を協議することにしています。

大野 敏明　ジャーナリスト
（元大学講師・元産経新聞編集長）

埼玉県の私立高校をめざすあなたへ

埼玉の全私立50高校をご紹介したガイドブックをお送りします

埼玉以外の都県から埼玉の私立高校を受験・進学しようとしているあなたに最適な情報です！
埼玉県私立中学高等学校協会が総力をあげて編集した私立高校ご紹介ガイドブックを

先着500名様にお送りします！

埼玉県内の中学3年生全員には、6月中に各中学校から配付されます。

『埼玉の私立高校ガイドブック2019』
〈発行〉一般社団法人 埼玉県私立中学高等学校協会
B5判 128ページ オールカラー

**送料
380円分の切手が
必要です**

【お申込み方法】 お住まいの郵便番号、ご住所、お名前、電話番号、中学校名、学年を明記して、380円分の切手を同封した封書で下記あてにお送りください（お１人１冊に限ります)。※**先着500名様**まで（なくなり次第終了） 個人情報はガイドブック送付にのみ使用させていただきます。

【あてさき】 〒101-0047 東京都千代田区内神田2-4-2 グローバルビル　グローバル教育出版 「埼玉私立高校ガイド係」

【協力】一般社団法人 埼玉県私立中学高等学校協会

ミステリーハンターQ（略してMQ）

米テキサス州出身。某有名エジプト学者の弟子。1980年代より気鋭の考古学者として注目されつつあるが本名はだれも知らない。日本の歴史について探る画期的な著書『歴史を掘る』の発刊準備を進めている。

ミステリーハンターQの歴男歴女養成講座

春日 静

中学１年生。カバンのなかにはつねに、読みかけの歴史小説が入っている根っからの歴女。あこがれは坂本龍馬。特技は年号の暗記のための語呂合わせを作ること。好きな芸能人は福山雅治。

山本 勇

中学３年生。幼稚園のころにテレビの大河ドラマを見て、歴史にはまる。将来は大河ドラマに出たいと思っている。あこがれは織田信長。最近のマイブームは仏像鑑賞。好きな芸能人はみうらじゅん。

検地と刀狩

今回のテーマは、全国を統一した豊臣秀吉の行った検地と刀狩だ。どちらも兵農分離が進む要素となり、身分制度の土台を築いた改革だよ。

静 豊臣秀吉が刀狩を実施してから今年で４３０年なんですってね。

MQ 秀吉の改革については検地といっしょに説明されることが多いから、検地から説明しよう。

勇 検地って太閤検地のこと？

MQ 秀吉は関白を退いたのち、太閤と呼ばれたから、太閤検地と言われるね。

静 なにが目的だったの？

MQ １５８２年（天正10年）、本能寺の変で織田信長が死ぬと山崎の合戦を経て、秀吉が後継者となるんだ。そして、自分が支配している領土の検地を始めた。これが天正検地と言われるもので、領土の状態を調査し、どのくらいの穀物が生産できるかを調べた。これによって領土の支配権が確定する。

勇 検地はもう1つあるの？

MQ １５８５年（天正13年）に秀吉は関白となり、6年後に関白の地位を甥の秀次に譲って太閤となったんだ。そして１５９４年（文禄3年）、全国の検地を行った。これが文禄検地、いわゆる太閤検地のことだね。天正検地と基準を少し変えて行われ、各大名の石高などを取り決めた。全国の検地を行ったということは、全国を支配したと宣言したということなんだ。

　これにより全国の総石高が決まり、年貢として毎年、どれくらいの収入が見込めるかがはっきりすることから、豊臣政権としてのさまざまな政策が立てやすくなるというメリットもあったんだ。

静 刀狩にはどんな意味があるの？

MQ 秀吉は現在の京都市下京区に方広寺という天台宗の寺院を造営したけど、その費用を捻出するという名目で、全国の農民から刀などの武器を取り上げた。これが１５８８年（天正16年）に出された刀狩令だ。

勇 当時は農民も刀を持っていたんだね。

MQ 戦国時代までは、合戦があると、農民が足軽などとして動員されたりしたから、武器を持つことは禁止されていなかった。だけど、秀吉が天下を統一して平和になると、農民が武器を持って反抗したり、武士と農民の身分の区別がつきにくくなるといった問題が起こることから、農民から武器を取り上げることにしたんだ。

静 素直に武器を差し出したの？

MQ 厳しく取り上げたけど、刀などを隠し持つ農民もいたようだ。この方針は江戸幕府も踏襲し、身分の固定化につながったとされるよ。

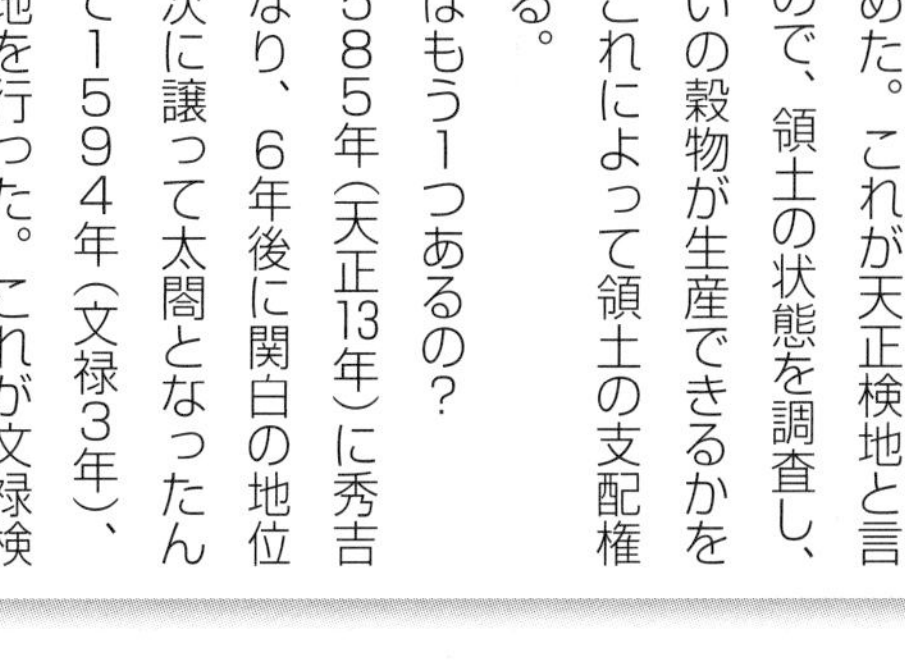

新刊案内

受験生を持つ親に贈る
グローバル教育出版の本

子育てのベテランがつづった

A5判　256ページ
並製　ソフトカバー
定価:本体2,000円＋税

●淡路雅夫 著

ISBN978-4-86512-118-6

お父さん　お母さん 気づいていますか？ 子どものこころ

娘の気持ち
息子のホンネ
気づいていますか

進学校の教員、校長として、いつも中高生のそばいた著者が「子育てに流《は》行《や》りはない」という持論を幹に、ご父母に語りかけます。「これからの社会は、ますます子育てに正解のない時代になります。親は、子どもに寄り添いながら、自分の生き方も考えていかなければならない時代です。社会の一員として、新しい時代にふさわしい子どもの学力や社会的人材を育成する意識を持って、子どもを育ててほしいと願っています」……………………淡路雅夫

淡路 雅夫（あわじ　まさお）淡路子育て支援教育研究所主宰。國學院大学・同大学院修了。私立浅野中学・高等学校（神奈川県）の校長歴任後、大学で教員志望学生への教職アドバイザーを務める。講演、執筆活動を通して私学支援を行う。専門分野は子どもの教育・福祉を中心とした家族・親子問題。著書に『児童福祉概論』（八千代出版）、『人に育てられて生きる』（社会評論社）、『お母さんにはわからない思春期の男の子の育て方』（中経出版）、『先生! 子どもが元気に育っていますか?』（弊社）その他。

- **第１章** 子どもの育つ環境が変わっていることに気づいて
- **第２章** 親の生活格差の拡大と子どもの生活
- **第３章** 子育ては、対症療法の指導から教育的対応の時代へ
- **第４章** 伸びる子どもには、共通点がある
- **第５章** 子どもに豊かなキャリアを
- **第６章** 女性の時代と人生100年の学びを
- **第７章** 子どもを育てるのは何のため
- **第８章** 親が気づかない「子どもの心」

※第８章では、本書の半分のページを割いて、親が具体的に直面する、身近な課題、疑問など約30の問題について取り上げ、著者が「Q＆A方式」で答えます。あなたへの答えが、きっとここにあります。

ご注文ダイヤル ☎03-3253-5944　インターネットでの注文も承っております。http://www.g-ap.com/　**グローバル教育出版**

サクセス書評

8月号

孤独な少女が吸い込まれた先に現れた謎の少女と城

　中学1年生の安西こころは、新学期が始まって早々に、いくつかの出来事が重なり、学校に行けなくなってしまった。

　それでも、母が見つけてきたフリースクール「心の教室」には、本当に行ける気がしていた。それなのに、当日になったら、やっぱりこれまでと同じようにお腹が痛くなった。それを伝えたときの母の表情を見るのがつらい。仮病じゃないのに。

　そして、その日の午後、自分の部屋にある姿見の鏡が突然光りだした。とっさに手を伸ばして表面に触れ、さらに少し力を入れた瞬間、手のひらが鏡のなかに吸い込まれた。そのまま身体が倒れてしまい、鏡の向こうに引きずり込まれていく。恐怖を感じたが、あっという間に身体が光にのまれ、こころは気を失った。

　目を覚ましたこころの前には、狼の面をつけ、晴れの舞台に出るかのような「レースがたくさんついたピンク色のドレス」を着た異様な女の子が立っていた。

　その後ろには、立派な門構えの城がそびえ立ち、あっけにとられるこころを前にして、少女が叫ぶ。

「安西こころさん。あなたは、めでたくこの城のゲストに招かれましたー!」

　混乱するこころは追いかけてくる少女を振り切り、必死になって出てきた鏡から家に逃げ帰った。

　とても怖かった。それなのに、次の日、もう一度鏡が光ると、こころはなかに入っていった。昨日の少女のほかに、6人の中学生らしき男女がいた。そして、少女が告げる。

「お前たちには今日から三月まで、この城の中で〝願いの部屋〟に入る鍵探しをしてもらう。見つけたヤツ一人だけが、扉を開けて願いを叶える権利がある」と。

　いったいなにがどうなっているのか。話が見えないことだろう。ただのファンタジーではないことだけは確かだ。現実世界での問題を含めて、彼女がこの先どうなるのか、どんな道を選び取っていくのか。ぜひ読んでみてほしい。500ページを超える長さだけれど、きっとぐいぐいと引きつけられるから。

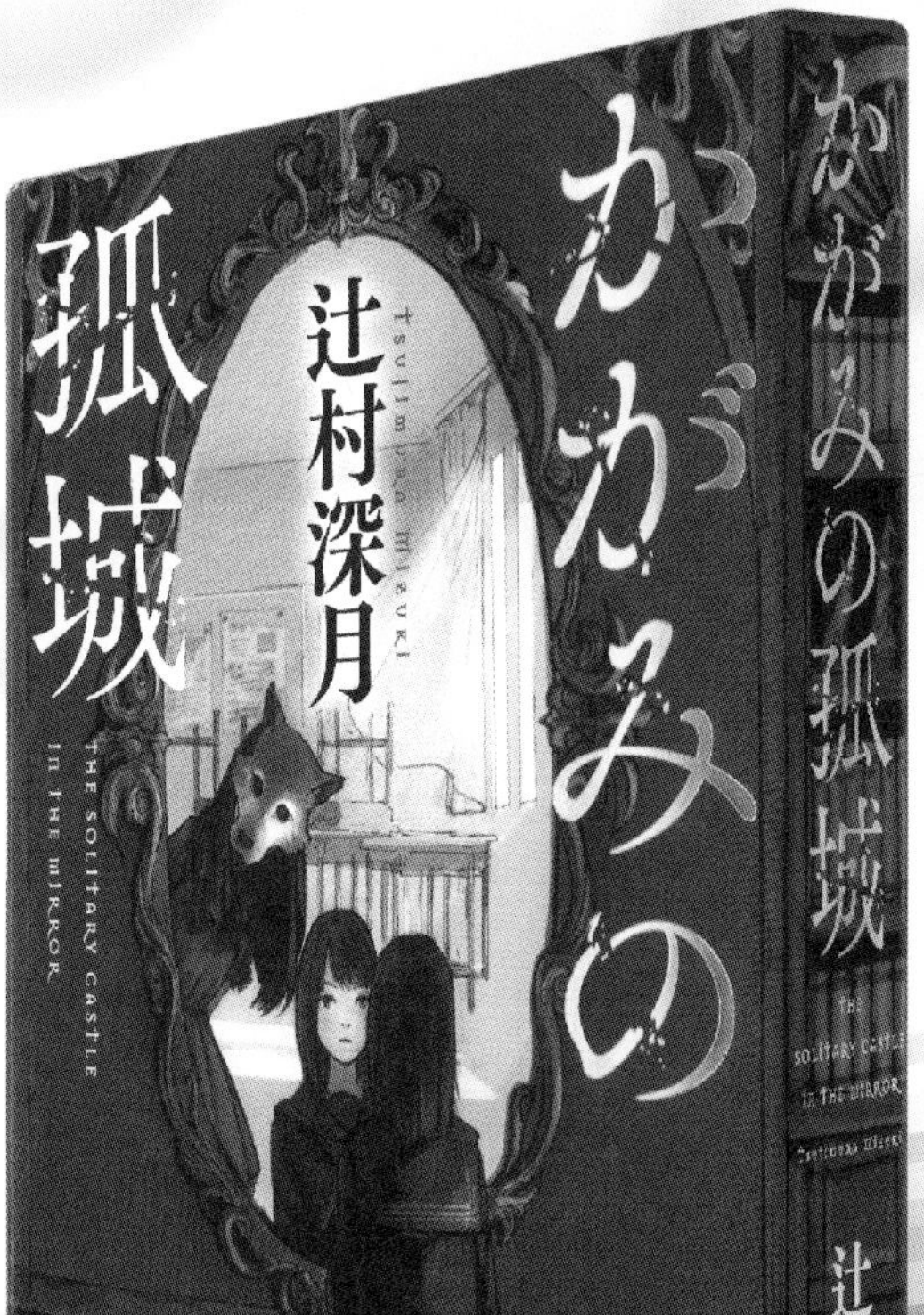

『かがみの孤城』
著／辻村深月
価格／1800円＋税
刊行／ポプラ社

今月の1冊

『かがみの孤城』

サクセスシネマ

SUCCESS CINEMA

vol.102

幽霊っているのかな？

ゴーストバスターズ

2016年／アメリカ
監督：ポール・フェイグ

『ゴーストバスターズ』
Blu-ray発売中
価格：1,800円＋税
発売元・販売元：ソニー・ピクチャーズ エンタテインメント

女性４人組が幽霊退治に奔走

2016年制作の本作は、1984年に作られた男性４人組を主人公とする同名作品と同じく幽霊退治をする物語です。しかし、本作では主人公は女性４人組になりました。さて、どんな物語なのでしょう。

舞台はアメリカ・ニューヨーク。地下鉄の駅やライブ会場など、街のいたるところで幽霊が出たと騒ぎになっていました。そんな幽霊を捕獲しようと乗り出したのが、アビー、エリン、ホルツマン、パティの女性４人組。幽霊退治を仕事とする「ゴーストバスターズ」として幽霊出没の謎に迫ります。

CGとはいえ、ニューヨークの街を襲う巨大な幽霊と実写との壮大なコラボレーションは迫力満点。また幽霊退治のためにホルツマンが作る武器もなかなかの迫力です。とはいえ、政府機関も適わないような強大な幽霊に、女性４人で太刀打ちできるのでしょうか。

タイトルに加え、主題歌や有名な幽霊のロゴは1984年制作のものと同じものを引き継いでいます。この作品を気に入った方は２本を観比べてみるのもおもしろそうですね。

キャスパー

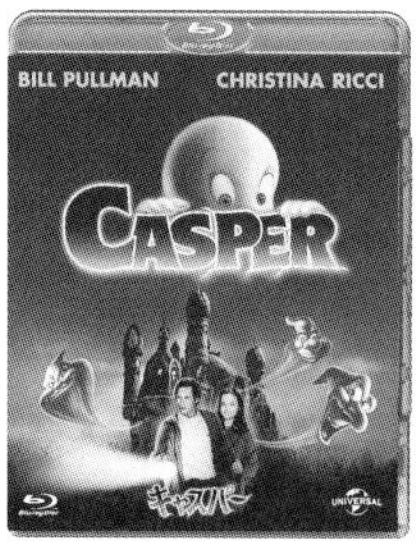

1995年／アメリカ
監督：ブラッド・シルバーリング

『キャスパー』
Blu-ray：1,886円＋税
発売元：NBCユニバーサル・エンターテイメント

可愛い幽霊と少女の友情物語

子どもの幽霊と人間の少女の友情を描くハートウォーミングな作品。

幽霊のカウンセラーであるハーヴェイ博士は、ある屋敷に住み着いた幽霊を追い出してほしいと依頼を受け、一人娘のキャットとともにその屋敷でしばらく暮らすことになりました。屋敷は薄気味悪く、いかにもなにかが出てきそうな雰囲気です。そう、ここには確かに幽霊がいるのです。３人組のおじさん幽霊と男の子の幽霊が！

おじさん幽霊たちはあの手この手でハーヴェイ博士たちを追い払おうとしますが、少年の幽霊、キャスパーは２人を歓迎し、キャットと友だちになります。

ハーヴェイ博士がおじさん幽霊たちに掃除機で応戦するなど、随所に笑いがちりばめられている一方、幽霊のキャスパーと人間のキャットの友情に温かい気持ちになれる作品です。キャスパーはみんなの朝ご飯を作ったり、掃除をしたりとけなげで純粋。そして一見意地の悪いおじさん幽霊たちもじつはナイスキャラ！こんな幽霊たちとならいっしょに暮らすのも楽しいかもしれませんね。

ホーンテッドマンション

2003年／アメリカ
監督：ロブ・ミンコフ

『ホーンテッドマンション』
ブルーレイ発売中／デジタル配信中
価格：2,381円＋税
発売：ウォルト・ディズニー・ジャパン
©2018 Disney

人気アトラクションの屋敷が舞台

ディズニーランドにある人気アトラクション“ホーンテッドマンション”を映画化した作品です。999人の幽霊がいるというあの恐ろしい屋敷を舞台としたストーリーです。

不動産業を営むジムは、家族旅行に行く途中、家族の反対を押しきって古い屋敷を売りに出そうとするグレイシーの元へ立ち寄ります。その屋敷がホーンテッドマンションです。出迎えた怪しげな執事、悲しみを秘める主人、なにかにおびえる召使いたちと、屋敷の住人たちの様子が恐ろしさを助長します。よもやの大雨で足止めをくらってしまったジムたち家族は、この屋敷にまつわる過去の悲惨な事件に巻き込まれてしまうのでした。

シーンによってはかなりスリリングですが、その一方で、屋敷にいるちょっとドジで憎めないキャラクターたちや、ジムのとぼけた性格が恐怖感を少し和らげてくれます。

なぜ屋敷の主人が失意のどん底から立ち直れずにいるのか、執事はなにを隠しているのか。その秘密が明らかになるまで目が離せません。

なんとなく

身の回りにある、知っていると勉強の役に立つかもしれない知識をお届け!!

得した気分になる話

先生　生徒

世界の乗降客数ランキング編

今朝は学校までの電車が混んでたよ。

先生、電車なんだね。

うん。毎日ね。通勤ってやつだ。キミは通学だな。通勤とは違って、なんだかいい響きだ(笑)。

そうなの？　まあ、電車に乗ったりしないしね。そういえば、日本で一番乗り降りする人が多い駅ってどこなんだろう？　やっぱり東京？　それとも観光客が多そうな秋葉原とかかなあ。

確かに気になるね。ちょっと調べてきてもいいかい？

いいよ。でもどこで調べるの？

秘密基地だよ！

え？　秘密基地？　先生、子どもみたいだね。まあ、どこでもどうぞ〜。

⋮

調べてきたぞ。日本で一番駅の乗り降りが多いのは、新宿らしい。

へえ〜新宿ね。なんとなくわかる気がする。確かに、JRだけじゃなく、京王線、小田急線、それに地下鉄もあるもんね。

そこでクイズです！　「世界の乗降客数ランキング」〜。

今日の先生は突然だなあ…。それで？　「世界で一番乗降客が多い駅は？」って聞くんでしょ？

まあ、そういうことだけどね。世界で一番、1日あたりの平均乗降客数が多い駅はどこだと思う？

先生のその含み笑い…。答えは、さっきの新宿？

正解！　いい勘してるね。じゃあ2位は？

アメリカのどこか？　それとも人口を考えて中国かなあ〜。

じつは日本なんだよ。2位も。

えっ、ホントに？　新宿の次かあ…。渋谷？

大正解！　よく気づいたね。3位は？

これまた日本かも…。じゃあ、池袋！

チョー勘が鋭いね。続けていこうか。世界第4位もなんと日本！

また日本？　じゃあ4位は今度こそ東京！

ブー!!　外れ〜。世界第4位は大阪の梅田。まあ、梅田は阪急の駅だから、JRだと大阪。ほかにも地下鉄とか、名前は異なるけど、ほぼ同じようなところにある駅がいくつかあって、まあここでは合わせて「大阪」としようか。そして、調べていて驚いたんだけど、上位にはかなりの数の日本の駅が含まれているんだよ。

そうなの？　1位の新宿から始まって、2位・渋谷、3位・池袋で、4位が大阪・梅田。5位からは？

手元のデータによると…。5位・横浜、6位・北千住、7位・東京、8位・名古屋、9位・ハオラ、10位・品川、11位・パリ北(フランス)、12位・高田馬場、13位・難波、14位・新橋、15位・秋葉原、16位・天王寺・大阪阿部野橋、17位・三ノ宮・三宮、18位・ターネー(インド)、19位・大宮、20位・京都、21位・有楽町・日比谷、22位・CST(インド)、23位・西船橋、24位・目黒、25位・上野、だね。

へえ〜。9位で初めて出てくるハオラ駅ってどこの国なの？

どこだと思う？

そんな焦らしはどうでもいいから早く教えて！

まあ、そんなにすぐキレないで。インドなんだって。

へ〜。鉄道を普段から通勤通学に使う国って少ないんだね。

そうかもね。車やバス中心の国もあるし。

で、26位はどこの国？

また日本！(笑)。26位は押上・とうきょうスカイツリーだ。で、27位は大門・浜松町、28位・アンダリー(インド)、29位・西直門(中国)、30位が…。

もういいよ〜。要するに、日本は通勤・通学は電車がおもな手段だから、朝の電車も混むってことだなんだね。

そうだったのか…。いま、キミに言われて気づいたよ。だから、朝のラッシュは避けられないということなんだね…。

気づいてよかったね(笑)。これで諦められるしね！

(涙)…。

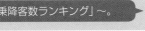

高校受験 ここが知りたい Q&A

9:45 AM　100%

記述問題が苦手です
苦手克服の秘訣を教えてください

どの科目もある程度得点できるようになってきましたが、塾のテストや模擬試験などで記述型解答の問題が出てくると、どうしてもうまく答えられません。記述式の問題に強くなるにはどうしたらいいのでしょうか。教えてください。

(練馬区・中3・SH)

記述問題は部分点獲得のチャンス
怖がらずに日々の授業で力を養おう

大学入試が2020年度から大きく変わることはすでにご存じの方も多いでしょう。現行の大学入試センター試験に代わり導入される大学入学共通テストは、これまでの単に暗記によって得た知識を問う出題から、思考力や判断力、表現力を問うことに重きをおいた出題に変わっていきます。そしてその傾向は高校入試にも反映され、上記のような力が問われることが増えてきています。そうした問題は、多くが記述式での解答を求められます。

ご質問者のように記述式の解答を苦手とする受験生はよくいますが、決して怖がる必要はありません。むしろ、記号選択問題や単語を１語だけ書く形式の問題よりも解答しやすい面もあるのです。なぜなら、知識が不十分だったとしても、その場で問題の意図を考え、自分なりの答えを書いていくことで、ある程度の部分点を獲得することができるからです。

そうした力を培うために有効なのは、日ごろの勉強、とくに授業を受けるときに意識してノートをとることです。授業中に板書の内容を写すだけではなく、ポイントとなること、なぜそうなるかの理由、自分の疑問点などを意識してノートにメモするようにしましょう。自分の言葉でかまいませんから、思ったことを短い文の形で書くことを心がけてみてください。その積み重ねが記述問題の対策として有効です。

Success Ranking

世界で最も幸せな国ランキング

The Happiness Research Institute（幸福度研究所）がまとめた「World Happiness Report（世界幸福度報告書）」から、世界で最も幸せな国ランキングを紹介するよ。156の国・地域を対象に「健康寿命」や「社会支援」などについて調査したもので、日本は54位だった。

世界で最も幸せな国ランキング

順位	国名	ポイント
1	**フィンランド**	7.632
2	ノルウェー	7.594
3	デンマーク	7.555
4	アイスランド	7.495
5	スイス	7.487
6	オランダ	7.441
7	カナダ	7.328
8	ニュージーランド	7.324
9	スウェーデン	7.314
10	オーストラリア	7.272
11	イスラエル	7.190
12	オーストリア	7.139
13	コスタリカ	7.072
14	アイルランド	6.977
15	ドイツ	6.965
16	ベルギー	6.927
17	ルクセンブルク	6.910
18	アメリカ	6.886
19	グレートブリテンおよび北アイルランド連合王国（イギリス）	6.814
20	アラブ首長国連邦	6.774
21	チェコ	6.711
22	マルタ	6.627
23	フランス	6.489
24	メキシコ	6.488
25	チリ	6.476
26	台湾	6.441
27	パナマ	6.430
28	ブラジル	6.419
29	アルゼンチン	6.388
30	グアテマラ	6.382
31	ウルグアイ	6.379
32	カタール	6.374
33	サウジアラビア	6.371
34	シンガポール	6.343
35	マレーシア	6.322
36	スペイン	6.310
37	コロンビア	6.260
38	トリニダード・トバゴ	6.192
39	スロバキア	6.173
54	日本	5.915

「World Happiness Report 2018」（The Happiness Research Institute）をもとに作成

受験情報

東京　2019年度東京都立高校入試日程発表

東京都教育委員会は5月24日、来春の2019年度都立高校入試日程を発表した。全日制については以下の日程で入試が行われる。

■推薦に基づく選抜

◇**募集期間**　2019年1月23日(水)
◇**実 施 日**　1月26日(土)、27日(日)
◇**合格発表**　2月1日(金)

■学力検査に基づく選抜

・第一次募集・分割前期募集
◇**募集期間**　2月6日(水)、7日(木)
◇**学力検査**　2月22日(金)
◇**合格発表**　3月1日(金)
◇**追 検 査**　3月11日(月)

・第二次募集・分割後期募集
◇**募集期間**　3月6日(水)
◇**学力検査**　3月11日(月)
◇**合格発表**　3月15日(金)

◇

※推薦を行わない国際高校の国際バカロレアコース(4月募集)の一般入試は、願書受付が1月22、23日の2日間で、その他の日程は都立高校の「推薦に基づく選抜」と同じ。

埼玉　埼玉県高校入試早くも再来年度の日程発表

埼玉県教育委員会は5月24日、現中学2年生が受検する2020年度の「埼玉県公立高等学校入学者選抜の日程」を早くも発表した。

◇**募集期間**
2020年2月17日(月)、18日(火)
◇**志願先変更期間**
2月20日(木)、21日(金)
◇**学力検査日**　2月28日(金)
◇**実技検査、面接**　3月2日(月)
◇**追 検 査**　3月4日(水)
◇**合格発表**　3月9日(月)

千葉　千葉県立高校は前後期とも5教科各100点

千葉県教育委員会は、すでに2019年度入試日程を公表していたが(3月号このページ)、6月、実施内容を発表した。

◇**前期選抜**
◇**学力検査**
2019年2月12日(火)、13日(水)
◇**合格発表**　2月19日(火)

※第1日に5教科の学力検査(各教科50分・100点)を実施。第2日に各校が定めた検査を実施。※海外帰国生徒・外国人・中国等帰国生徒・成人・連携型高等学校の特別入学者選抜も実施。

◇**後期選抜**
◇**学力検査**　2月28日(木)
◇**合格発表**　3月6日(水)

※5教科の学力検査(各教科40分・100点)を実施。また、各校が必要に応じて面接等を実施。

15歳の考現学

自らの主体性、多様性、協働性を評価する姿勢

森上《もりがみ》 展安《のぶやす》

森上教育研究所所長。1953年、岡山県生まれ。早稲田大学卒業。進学塾経営などを経て、1987年に「森上教育研究所」を設立。「受験」をキーワードに幅広く教育問題を扱う。近著に『教育時論』（英潮社）や『入りやすくてお得な学校』『中学受験図鑑』（ともにダイヤモンド社）などがある。「わが子が伸びる 親の技（スキル）研究会」主催。教育相談、講演会も実施している。HP：oya-skill.com

大学入学共通テスト採用を いち早く発表した早稲田大

2020年度大学入試改革のなかでおそらく最も大きなインパクトを与えるのは、もちろん、国立大学の入試改革なのですが、一方で私立大学の方はどうなるのか、どうするのかが、成績中間層にとっては気になるところでしょう。

その意味で、どのようになるか注目されていたのが頂点に立つ早稲田大の改革だったのですが、それが5月30日にHPで公表されました。

その改革は予想されたとはいえ、かなり画期的なものです。

その第一は、いわゆるeポートフォリオの導入です（ただし得点化しない、と明言しています）。つまりそれは、この文章を読んでいる中学生のみなさんの入試までは得点化されないにしても、いまの中学1年生が1浪以上したら得点化されるかもしれないことを含意している、という理解をした方がいいでしょう。

eポートフォリオというのは、「主体性」「多様性」「協働性」に関する経験を記入して提出する、ということです（早稲田大ではWeb出願時に記入、同HPでは注記として「学校が作成する調査書に記載するのではなく、受験生本人が自分自身を振り返り、文章化してもらいます」としています）。

したがって、とくに浪人する可能性も考慮すると、eポートフォリオが得点化されることを前提とした取り組みをすべきでしょう。

そこでは従来の内申書（調査書）と違って、学校側がつける評点ではなく、生徒自身が授業、行事、学校外活動などからどんな学びをしたか、その結果、今後どのような課題に取り組むのか、そのような生徒自身の内省がポイントになります。問題解決力ばかりでなく問題発見、問題追求と、まさに主体的で、協働的な取り組みが求められているということです。英語でこれを「リフレクション」と言いますが、教育においては内発性が重視されますから、その意味で、そこが評価されるのだとおさえておきましょう。

そして改革の大きな変化の2番目は、大学入学共通テスト（以下、共通テスト）と英語外部試験の活用を打ち出していることです。ただし、5月30日のこのHPの発表は、政治経済学部、国際教養学部、スポーツ科学部、文化構想学部、文学部とな

っていて、法学部、商学部、理工学部系学部などは掲載されていません。今後、注視しておくべきでしょう。

共通テストでは例えば政治経済学部は、外国語、国語、数学A、数学Iと選択科目が1つ（地理・歴史・公民・理科）の結果を活用する、となっています。国語・英語・社会科の3教科型だったいわゆる私立大文系型の入試が私立大の頂点・早稲田大は、そうではなくなってしまうわけですが、これが早稲田大政治経済、国際教養、スポーツ科学、文化構想、文学部にとどまるのか、それとも法、商、理工などにも広がるのか、現時点（6月上旬）ではわかりません。

私立大文系の特徴は、なんといっても数学が入試科目にはない、ということでしたから、早稲田大文系の代表格である学部が数学入試のある共通テスト利用へ変わる、という点は大きな変化といえます。

もっともセンター試験と共通テストは違うものですから、従来のような数学入試ではないのも事実です。

とはいえ、共通テストの活用方針によっては従来以上に本質的な学力が要求される、というのは従来の私立大文系入試イメージとは大きく異なるものでしょう。

同時にこのことは、いわゆる国立大学の方針と基本的に近い、ということですね。つまり国立大学入試と同じ対応が早稲田大でも求められる公算が大きくなりました。

そして、注目すべきは英語外部試験の活用です。もちろん、政治経済をはじめ各学部ではほかに英語の試験も課す、としていますので両方の得点の合算方式です。そこは手堅い選抜だと思います。ここでもしっかりした英語力が求められます。

私立大の入試科目が国立大と同じ重さになるか

さて、早稲田大のこうした発表は、ほかの私立大に対して大きな影響力を持ちます。慶應義塾はもともと独自色が強いので、明治、法政、青山学院、立教、中央、東京理科大あたりが、どういう改革をするか、が注目されますが、ここでのポイントは国立大と同じ入試にするということを、他の私立大が追求できるかどうか、ということになります。

国立大と併願が考えられる場合は、問題なく同じ勉強を続ければいいのですが、明治、法政、中央大などは、早稲田大との併願も多いので、この早稲田大の変化を各大学がどう受け止め対応するか、注視しておきたいところです。

私立大トップの決断は重いので、MARCH各大学も、ある程度同じ方式に変化する可能性が高い、と考えておいた方がいいでしょう。

ところでこうした大学入試の変化は、附属校の立場を強くします。

なぜなら、附属校にはこうした選抜は適用されないからです。附属高校での学習をしっかりしておけばいいということだけです。そうなると、共通テストに備えることや、英語外部テストを受検することなどは、必ずしも求められないでしょうから、自由度は高い、特定の教科を深めることや、自身の専門性を高める方向に時間を使うことが可能です。

ただ、大学入試の変化に伴い、高校入試も3科から4科に変わるとしてもおかしくはありませんね。中学入試が4科で行われていますから、高校入試も3科から4科に変化しても実質的なミスマッチは起こらないだろう、とは思います。

その科目の変化は、国立・都立高校に近い入試科目シフトになりますから、高校入試も大学入試同様、国立・都立入試との併願をより意識したものになる可能性はあります。

そうなったとしても高校入試は、大学入試よりは負担が軽いので、附属高校からの入学は魅力的に映るはずです。

すでに、高校入試における附属校人気はかなり高まっていますが、この高まりは、今後高まりこそすれ、低まらないだろう、と思えます。

ひるがえって国立・都立人気についてもそれは言えます。共通テスト利用へ私立大最大最高のセクターが踏みきったことは、文科省の大学入試改革（高大接続改革）のポイントの切り替えに沿ったものです。

いわば学力上位層が共通テスト重視という方向になりました。国立・都立の上位校にとって進路・進学対策は見通しやすくなりました。

ただ公立中学にかなり指導力が求められますので、私立の各大学が早稲田大の方針と同じになる、とすると、苦しいところだと思います。公立中学にそこまでの指導力を求めるのは難しい、と思えるからです。

もはや、私立大文系という言葉に代表される数学抜きの勉強は出口ふさがりになります。

「数学」と「リフレクション」が新しい学びの中心に立ちあがってくることになります。

私立
INSIDE

私立高校の入試制度がわかりにくいのは日程の複雑さ

私立高校の入試制度が複雑でわかりにくいというご意見をいただきました。高校受験を迎える保護者にとって「高校入試制度がよくわからない」という問題は切実です。そこで私立高校入試制度がわかりにくい理由を押さえて、わかりにくさを少しでも緩和したいと思います。

なぜ高校の入試日程はわかりにくいのか

首都圏にある高校の入試日程は、公私ともに都県によって異なります。

公立高校は、住所のある都県内の高校しか受験できないのが基本です。隣の都県と入試日程が違っていても、重なっていても問題はありませんので、各都県の教育委員会は独自に入試日程を決めています。隣の県の日程を気にしてはいない、と言っていいかもしれません。

数年前まで、首都圏各都県の公立高校はどこも2回の入試を組んでいました。しかし、２０１３年（平成25年）、埼玉が入試を1回だけの入試日程に一本化し、神奈川もこれに続きました。千葉も２０２１年度入試から、これまで前期、後期と2回に分けていた入試を一本化します。

それぞれの県で1回だけの入試ですから、これまでよりわかりやすくなったことは確かです。しかし、チャンスが減ったと感じる受検生もいるでしょう。

東京都立高校は、従来から続けてきた推薦入試学力検査入試の2回に分けた入試制度で行っています。

さらに学力検査入試には、一次募集のあと、定員に満たなかった学校は二次募集を行います。また、初めから定員を2つに分けて2回の分割募集を行う学校もあります（一次募集、二次募集と同日程）。都立高校は実質3回のチャンスがあることになり、一本化してチャンスが減っている他県とは一線を画す施策と言えます。

私立高校は他県の学校も受けることができる

公立高校は、住所がある都県の学校しか受けることはできませんが、逆に私立高校は近県の高校を受験してもかまいません。

私立の難関・上位校を狙っている受験生は別として、私立高校の受験生の多くは、自分が住む都県の公立高校を第1志望としています。

私立高校側は、公立高校との併願受験生が多いため、所在地の公立高校入試日程とはずらした日程で入試を行います。公立併願受験生の便宜を図るために、入試日程も合格発表日も、所在地の公立高校入試の影響を受けているのです。

そこで、各都県の公立高校入試日程によって「玉突き」のようにして、私立高校も都県によって日程が異なり、合格が決まる時期も違ってくるのです。

首都圏で最も早く入試を開始するのは千葉の私立高校で、1月17日に私立の前期選抜が始まります。

埼玉の私立高校は、1月22日に入試を始めます。

公立高校と併願する受験生は、私立高校への合格を早めに確保し、安心して第1志望である公立高校入試に向かいたいというのが、その心理です。この傾向を考慮して、私立高校の合格発表は、入試の翌日または翌々日に発表する学校がほとんどですから、千葉・埼玉の私立高校を受験すれば1月中に合格を確保できる可能性が高いことになります。

東京の私立高校は、推薦入試を1月22日に開始しますが、この推薦入試は、その私立高校を第1志望とする受験生のみが受けることができる入試ですので都立高校との併願はできません。

神奈川の私立高校も1月22日に推薦入試を開始しますが、東京同様、受かったらその私立高校に進学することが前提ですので、公立高校を第1志望とする場合は、2月の一般入試を受けなければならないため、早めの合格確保はできません。

ですから、都立高校や神奈川公立高校と、私立高校を併願する受験生は、千葉や埼玉の私立高校を併願して「早めに安心」を手に入れようとすることになります。もちろん、通学アクセスが可能であれば、ということになりますが。

また、これとは逆方向の動きですが、東京の私立高校には近県からも多くの受験生が集まります。

千葉・埼玉在住の受験生に対して、1月22日からの推薦入試について「千葉、埼玉在住なら、その県の公立高校と、わが校（都内）の推薦入試で併願ができますよ」と、受験生にPRする都内私立高校も少なくありません（ただし、この方法は神奈川在住生は除かれています）。

前述したように東京・神奈川在住の受験生は自分の都県の私立高校との併願は、2月の一般入試まで待たねばなりません。

つまり、都内の同じ私立高校の推薦入試を公立高校と併願する場合に住んでいる場所によって受験できる日程が変わってしまうことになります。これも私立高校入試がわかりにくくなっている一因でもあります。

さらに、私立高校は入試日程を複数組んでいる学校がほとんどです。これは、私立高校がライバル校を互いに意識し、一般入試で幅広く受験が可能なようにしているためです。

受験生が住んでいる都県による日程の違い、入試回数の複数化、さらに多くのコース設定もあって、私立高校では、1校で見てもさまざまな入試が設定されています。

そのため、募集要項も項目が非常に多く、コース名称も頻繁に改編されるため、その全体像がつかみにくく、前年に比べ受験生が増えたのか減ったのか、競争率はどう変化したのかさえ、よくわからないのが実情です。

このことも私立高校の入試が「わかりにくい」ということに輪をかけています。

これだけ複雑化すると私立高校の入試制度を理解しようとするのは確かに大変です。

しかし、あなたが進学する高校は、結局は1つです。

これから学校説明会が盛んに開催されます。進学したい学校に絞って情報を集め、なにが知りたいのかを明確にし、それらの各校を比べながら、プラス面だけでなくマイナス面も見つめて選択していくことが必要になってきます。

公立 CLOSE UP

合格件数激減のなか 上位私立大に強い都立は？

安田教育研究所 副代表 平松《ひらまつ》 享《すすむ》

今年も私立大が合格者数を減らしています。上位の私立大20校の一般入試の合格者数は、一昨年より2万4000人以上減少しました。なぜこんなことが起こるのか、その原因から、新しい大学入試の姿が見えてきました。やがて中学生の高校選びにも影響を及ぼすことになりそうです。そこで今回は、新しい大学入試と都立高校の私立大合格力について調べました。

東京23区内の定員増認めず 上位私立大はさらに厳しく

4年前、内閣に新しい大臣が生まれました。地方創生担当大臣です。同時に「まち・ひと・しごと創生本部」が設置され、「東京一極集中」の是正→東京への流入人口抑制を掲げる地方創生事業がスタートしました。そのなかで、東京などに多い大規模な私立大の定員管理を厳格化する施策が生まれました。大都市圏への学生の移動を抑えるのが狙いです。

私立大の合格者数は、これまで国公立をはじめとした他大学との併願者が多くいるため、定員を大きく上回って発表されていました。これに対し、政府は、入学者数が定員を超えると補助金などを減額するルールを、従来より厳しく適用して、私学助成の正常化を進めています。その結果、合格者数の大規模な減少が起こっているのです。

【グラフ1～6】を見てみましょう。ここでは都内にある6つの私立大が発表した、最近3年間の合格者数の推移を棒グラフで示しました。短い棒は都内の高校など（国公私立）からの合格者数を、折れ線は前年比を示しています。

ここにあげたすべての大学で、今年の合格者数は前年より減っています。一昨年からの合格者数は、早慶上理（早稲田大、慶應義塾大、上智大、東京理科大）、G-MARCH（学習院大、明治大、青山学院大、立教大、中央大、法政大）ほか、上位20の私立大学で2万4000人以上減少しました。

また、今年2月には、東京23区内の私立大などに対し、2019年度の定員増と学部新設を原則認めないとする新たな大学設置基準が示されています。

来年度以降も、さらに厳しい基準で合格者数の絞り込みが進むことは間違いありません。今後、上位私立大への合格はますます困難になりそうです。

選択幅は拡大せざるをえず 日東駒専も射程圏内に

その影響で、各高校から私立大への合格者数に今年も異変が起こっています。早稲田大と慶應義塾大合格者数（延べ件数）の合計を昨年と比べると、都内の高校では、**西**…52人減（早稲田大25人減、慶應義塾大27人減）、**武蔵**…46人減（36人減、10人減）、**お茶の水女子大附属**…30人減

（24人減、6人減）など、大幅に減らした学校が数多くあることがわかります。

都内の学校からに限ると、今年の早慶合格者数は、昨年より549人減少しました。ただし、内訳は国立…44人減、私立…518人減に対して、公立（都立、区立）は13人増と、減っていません。

上位の合格者絞り込みの影響で、受験生は安全策を取らざるをえなくなっており、第1志望が早慶上理の生徒も、G－MARCHや、成成獨國武明（成蹊大、成城大、獨協大、國學院大、武蔵大、明治学院大）、あるいは日東駒専（日本大、東洋大、駒澤大、専修大）などを併願するケースがめだってきました。

一昨年から大幅減の合格者数 一方で都立にはエキスパートが

【表1】では、都内の国立、私立、公立の高校等から上位20大学に合格した人数（延べ）を、一昨年（2016年）と今春で比べてみました。

減少した人数が多いのは、法政大…1644件減、早稲田大…1414件減、立教大…916件減などですが、減少した割合で見ると、明治学院大…71%、青山学院大…72%、学習院大…76%などが目につきます。

そうしたなかで、私立大に合格者

【グラフ1】

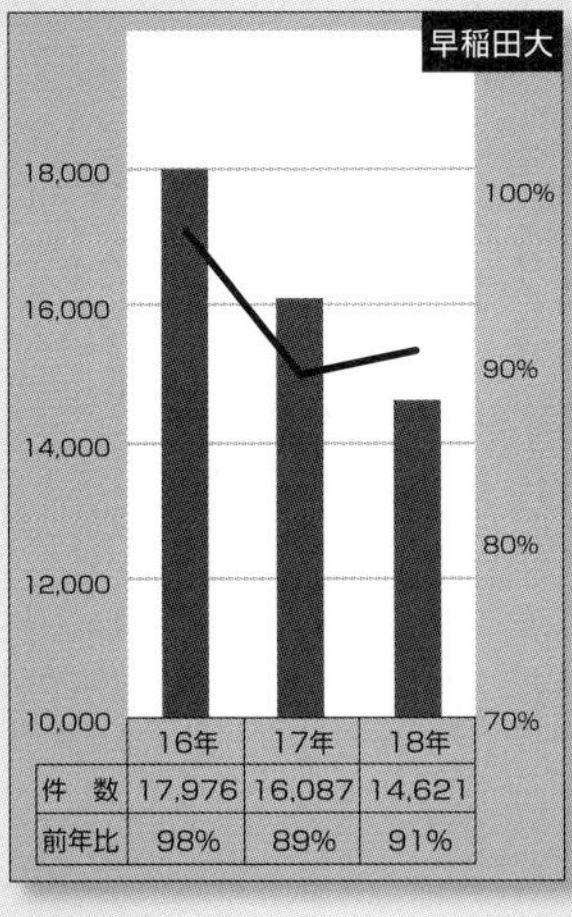

【グラフ2】

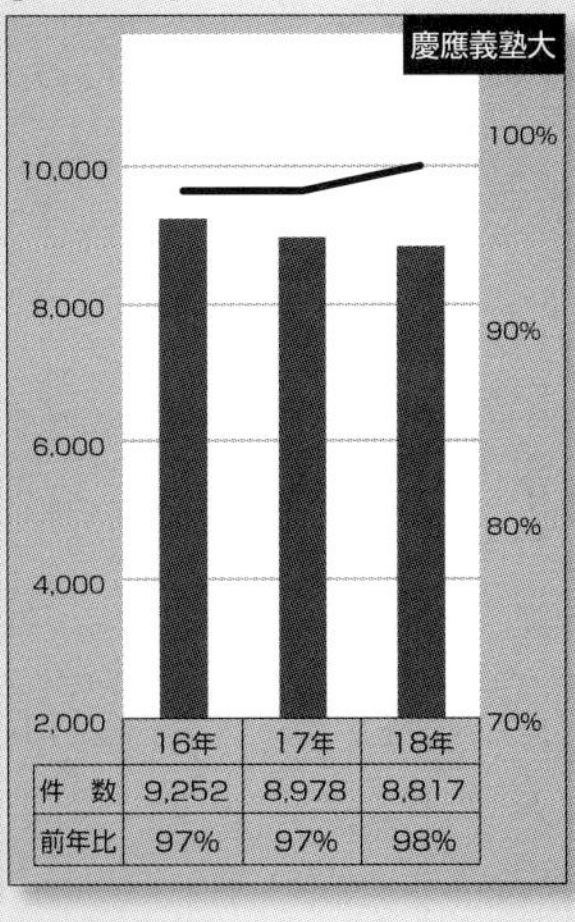

【グラフ3】

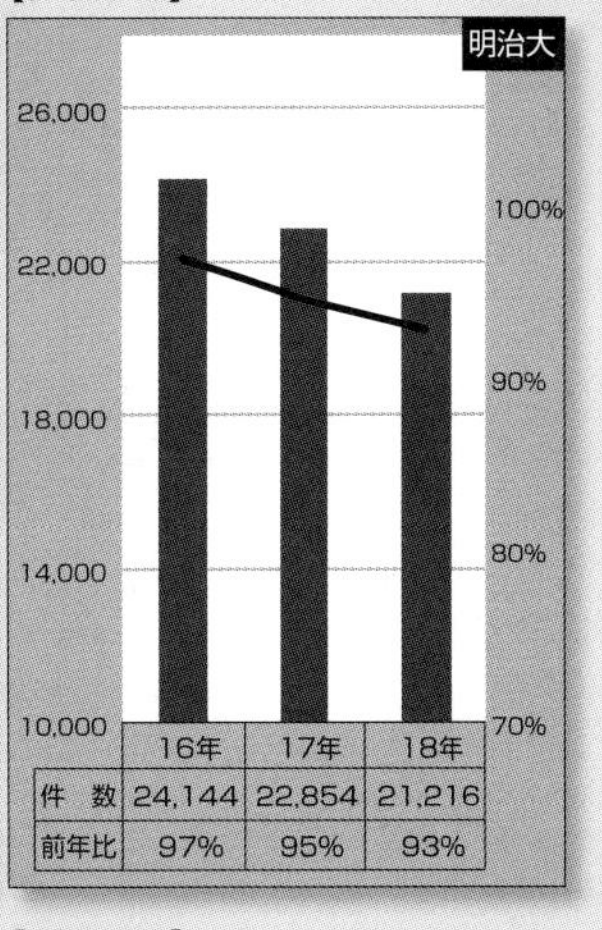

【グラフ4】

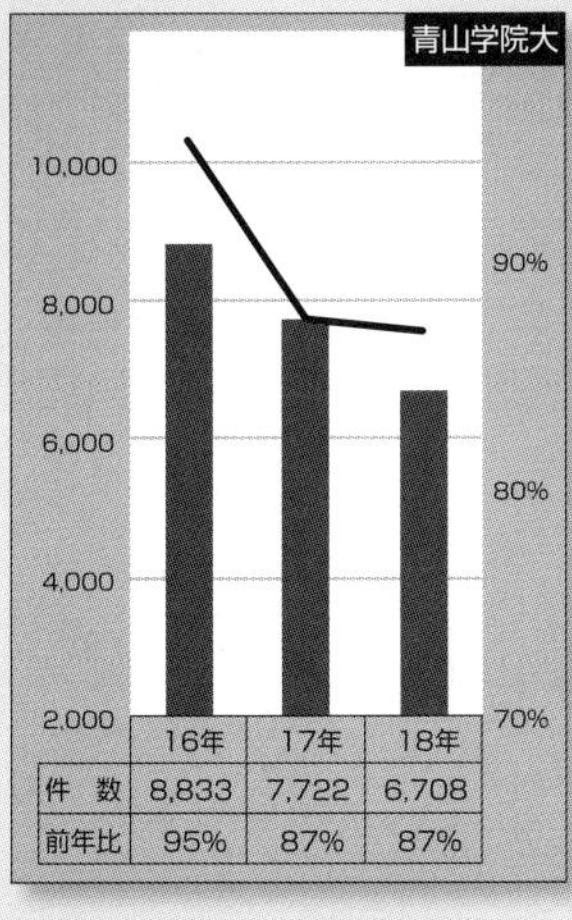

【グラフ5】

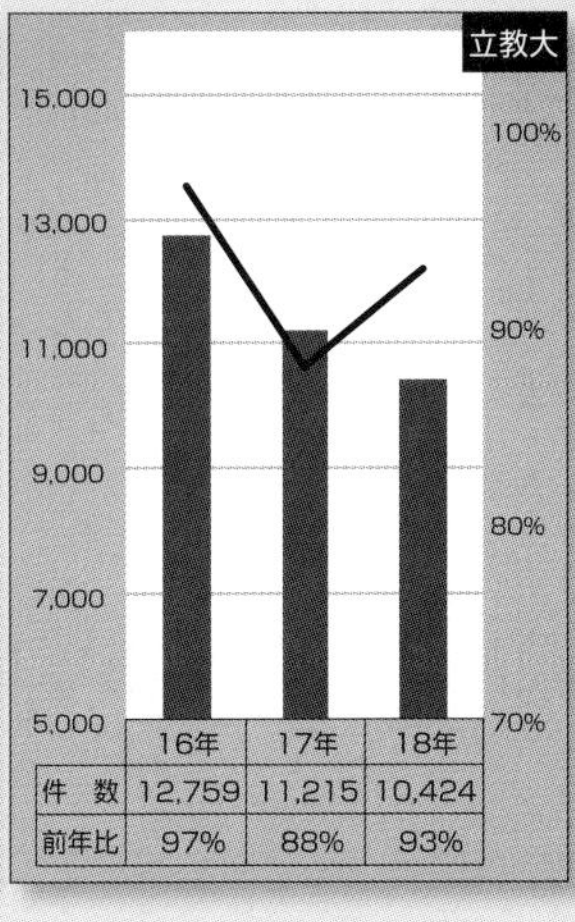

【グラフ6】

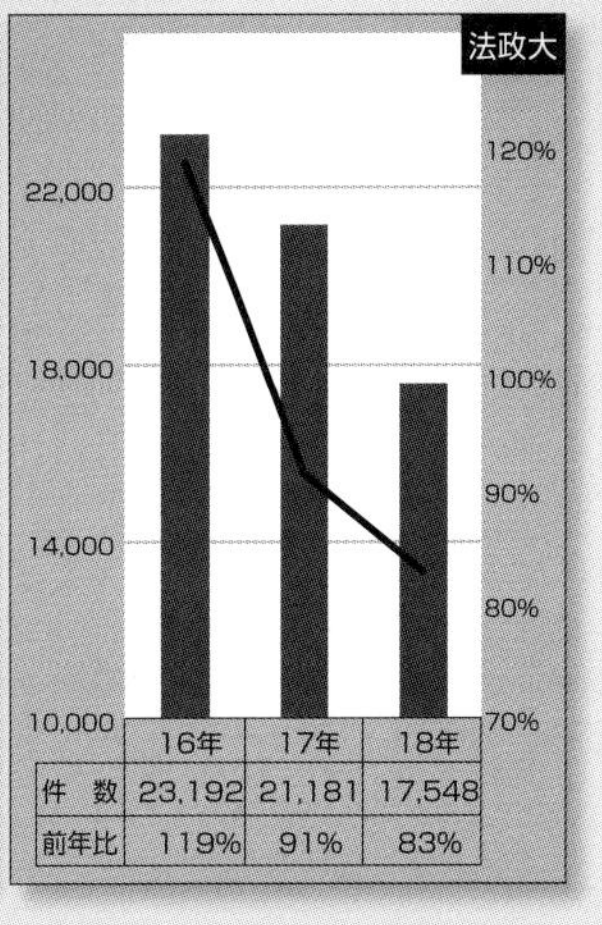

【表1】東京からの合格件数

大学名	2016年		今春	増減	比
早稲田大	6900	⇒	5486	−1414	80%
慶應義塾大	3793	⇒	3634	−159	96%
上智大	2292	⇒	2500	208	109%
東京理科大	4340	⇒	4500	160	104%
早慶上理計	17325	⇒	16120	−1205	93%
学習院大	1544	⇒	1178	−366	76%
明治大	7681	⇒	6852	−829	89%
青山学院大	2969	⇒	2138	−831	72%
立教大	4645	⇒	3729	−916	80%
中央大	4929	⇒	4971	42	101%
法政大	7100	⇒	5456	−1644	77%
G－MARCH計	28868	⇒	24324	−4544	84%
上記2グループ計	46193	⇒	40444	−5749	88%
成蹊大	1911	⇒	1660	−251	87%
成城大	1667	⇒	1386	−281	83%
獨協大	1442	⇒	1121	−321	78%
國學院大	1406	⇒	1374	−32	98%
武蔵大	1507	⇒	1200	−307	80%
明治学院大	2350	⇒	1672	−678	71%
成成獨國武明院	10283	⇒	8413	−1870	82%
日本大	7873	⇒	7579	−294	96%
東洋大	6991	⇒	6320	−671	90%
駒澤大	2568	⇒	2300	−268	90%
専修大	2971	⇒	2344	−627	79%
日東駒専	20403	⇒	18543	−1860	91%
上記2グループ計	30686	⇒	26956	−3730	88%

を多く出している学校には、私立大の入試問題研究を進めているエキスパートがいます。いま都立には、そうした先生が多く生まれています。

　都の教員は私立と違って同じ学校に留まることができません。6年を超えると原則異動（転勤）となります。進学指導重点校などでもそれは同様です。近年、重点校などの教員が特別推進校や推進校などに移動して、受験指導のノウハウが中堅校にも広がっているのです。

受験校探しには資料をしっかり活用しよう

　今回の説明はここまでです。ここから先は、みなさんが自分にふさわしい学校を、資料から調べてみてください。

【表2・表3】では、早慶上理、G－MARCHへの都立校からの占有率（合格者数を卒業生数で割ったもの）を高校別にランキングで示しています。

　合格者数は現役と浪人を合わせた数値（一般入試のみ）で、繰り上げ合格を含まない大学もあります（㈱大学通信の資料から安田教育研究所が集計）。

　さあ、始めてみましょう。

【表2】都立高校別　早慶上理における占有率

合格基準		指定	順位	高校	占有率						
男子	女子		（昨年）		昨年計		今春計	早	慶	上	理
900	890	A	1(1)	日比谷	121%	↗	136%	50%	43%	11%	32%
880	880	A	2(3)	国立	80%	↗	99%	44%	22%	8%	24%
880	890	A	3(2)	西	106%		94%	34%	23%	5%	33%
870	860	A	4(4)	戸山	63%	↗	86%	34%	18%	9%	24%
850	860	A	5(7)	青山	58%	↗	65%	22%	16%	9%	18%
810	830	H	6(9)	両国	54%	↗	59%	23%	9%	6%	20%
840		B	7(10)	新宿	53%		50%	21%	9%	5%	14%
800	810	H	8(11)	武蔵	46%	↗	49%	17%	12%	4%	15%
820		B	9(15)	国分寺	31%	↗	46%	19%	6%	9%	12%
740	770	H	10(13)	白鷗	34%	↗	45%	20%	6%	9%	11%
850	850	A	11(8)	立川	55%		35%	11%	5%	4%	15%
840	850	A	12(5)	八王子東	59%		32%	11%	4%	4%	13%
790	810	C	13(20)	三田	22%	↗	32%	11%	3%	7%	11%
760	770	H	14(6)	大泉	59%		28%	8%	3%	5%	11%
830		B	15(19)	国際	24%	↗	28%	11%	4%	14%	0%
810	840	C	16(18)	竹早	24%		25%	11%	3%	7%	4%
750	760	H	17(12)	富士	38%		25%	11%	2%	5%	7%
790	800	B	18(16)	小松川	28%		24%	11%	2%	4%	7%
820	840	B	19(14)	駒場	32%		23%	11%	3%	5%	4%
770	800	C	20(22)	小金井北	21%		22%	10%	2%	4%	6%
820	840	B	21(21)	小山台	21%		21%	8%	2%	2%	10%
770	800	C	22(29)	北園	9%	↗	17%	7%	1%	3%	6%
810	830	C	23(17)	武蔵野北	27%		16%	8%	0%	2%	6%
790	800	B	24(23)	町田	20%		14%	7%	2%	3%	3%
760	770	C	25(24)	豊多摩	18%		12%	7%	2%	1%	1%
770	780	C	26(26)	調布北	11%		11%	5%	2%	1%	4%
580			27(28)	新宿山吹	9%		11%	6%	1%	2%	1%
700	730		28(30)	井草	8%		10%	4%	1%	2%	3%
760	780	C	29(25)	日野台	16%		7%	4%	1%	1%	2%
750	770		30(51)	昭和	2%		7%	3%	0%	2%	2%
750	770	C	31(27)	城東	10%		7%	1%	0%	1%	4%
730		C	32(35)	墨田川	5%		6%	2%	0%	2%	2%
760		C	33(33)	多摩科学技術	6%		6%	0%	1%	0%	4%
720	740		34(40)	目黒	4%		6%	2%	2%	0%	1%
750	770		35(39)	文京	4%		5%	4%	0%	1%	1%
650	670		36(36)	田園調布	5%		5%	2%	0%	1%	1%
670	700		37(55)	雪谷	2%		4%	2%	0%	1%	1%
710	750		38(43)	狛江	4%		4%	3%	1%	0%	1%
730	740		39(38)	上野	4%		4%	1%	1%	0%	2%
670	700		39(47)	深川	3%		4%	1%	0%	3%	0%

【表3】都立高校別　G-MARCHにおける占有率

順位		高校	占有率								
（昨年）			昨年計		今春計	G	M	A	R	C	H
1	(11)	青山	91%	↗	107%	3%	35%	14%	10%	25%	19%
2	(3)	新宿	111%		105%	4%	34%	5%	24%	17%	21%
3	(5)	国分寺	99%	↗	102%	3%	28%	8%	17%	22%	25%
4	(15)	戸山	78%	↗	101%	4%	35%	6%	15%	22%	19%
5	(13)	国立	84%	↗	99%	2%	39%	7%	12%	26%	13%
6	(10)	三田	95%		91%	7%	26%	9%	16%	11%	22%
7	(14)	西	84%		85%	2%	35%	4%	8%	23%	13%
8	(22)	両国	69%		85%	6%	31%	10%	17%	9%	12%
9	(1)	武蔵野北	138%		84%	2%	18%	5%	18%	20%	21%
10	(4)	小金井北	107%		82%	3%	17%	9%	15%	22%	16%
11	(6)	八王子東	99%		80%	2%	23%	10%	7%	19%	20%
12	(12)	駒場	89%		77%	2%	24%	6%	13%	13%	18%
13	(17)	日比谷	75%		77%	2%	33%	5%	12%	18%	7%
14	(9)	大泉	95%		74%	8%	16%	7%	15%	11%	18%
15	(7)	小山台	98%		74%	2%	21%	4%	10%	17%	21%
16	(23)	武蔵(都立)	65%	↗	70%	0%	26%	7%	8%	13%	15%
17	(21)	白鷗	72%		69%	2%	24%	6%	10%	10%	17%
18	(2)	立川	121%		68%	2%	17%	6%	10%	19%	14%
19	(16)	小松川	76%		68%	3%	21%	3%	10%	10%	21%
20	(25)	富士	60%	↗	66%	3%	22%	5%	12%	9%	15%
21	(19)	調布北	74%		65%	2%	14%	2%	11%	14%	21%
22	(24)	北園	60%		60%	7%	13%	3%	11%	8%	19%
23	(18)	竹早	75%		59%	2%	19%	3%	9%	12%	15%
24	(20)	日野台	72%		55%	2%	10%	3%	5%	17%	19%
25	(8)	町田	96%		52%	1%	15%	4%	8%	13%	11%
26	(28)	豊多摩	57%		52%	6%	15%	4%	5%	6%	17%
27	(37)	小平	35%	↗	50%	3%	6%	3%	8%	17%	13%
28	(27)	井草	57%		47%	3%	10%	3%	8%	8%	15%
29	(26)	南平	58%		41%	2%	8%	5%	6%	10%	12%
30	(29)	狛江	46%		40%	3%	8%	4%	4%	7%	14%
31	(32)	目黒(都立)	40%		40%	2%	13%	3%	5%	5%	11%
32	(36)	昭和	36%	↗	39%	2%	5%	3%	7%	10%	13%
33	(31)	文京	41%		36%	3%	9%	3%	8%	3%	10%
34	(34)	国際	38%		36%	2%	7%	6%	9%	6%	7%
35	(38)	上野	30%	↗	35%	3%	8%	3%	6%	3%	13%
36	(30)	城東	46%		33%	2%	8%	2%	4%	6%	11%
37	(39)	墨田川	30%		27%	1%	7%	3%	5%	4%	8%
38	(43)	清瀬	24%		26%	1%	2%	1%	9%	5%	9%
39	(33)	東大和南	40%		24%	1%	4%	2%	3%	6%	9%
40	(40)	成瀬	28%		21%	1%	3%	3%	1%	7%	6%

★合格基準は昨年度進研Ｖもぎのもの。指定はＡ…進学指導重点校，Ｂ…進学指導特別推進校、Ｃ…進学指導推薦校、Ｈ…中高一貫校、３%以上アップに ↗
資料提供　㈱大学通信、㈱進学研究会

高校入試の基礎知識

これだけは知っておこう 高校入試用語の基礎知識

このページは、高校入試に挑もうとする受験生とその保護者が知っておいて得する「高校入試の基礎知識」のコーナーです。今回は「高校入試用語の基礎知識」をお届けします。これからの受験生生活で「聞いたことはあるけれど、意味がちょっとわからない」という言葉が出てきたらこのページを開いてみてください。

■一般入試

学力（筆記）試験の結果を優先して合否を決める入学試験のこと。原則的に各高校で実施する科目試験の総合点で合否が決まる。面接を課す学校もあるが柱は学力試験。これに対する入試に「推薦入試」がある。

■ＳＳＨ

文部科学省が、理数の先進研究事例として指定する高校。学習指導要領を越えた教育課程を編成できる。ＳＳＨ（スーパー・サイエンス・ハイスクール）は科学技術・理科、数学教育が重点。指定期間5年。

■ＳＧＨ

文部科学省がグローバル人材の養成を狙って、２０１４年度から始めた事業。現在１２３校を指定。ＳＧＨ（スーパー・グローバル・ハイスクール）は、グローバルリーダー養成をうたい、国際化に注力している大学や国際機関と提携している高校が選ばれる。指定期間5年。

■延納・延納手続き金

私立高校では公立高校を第１志望とする受験生のために、公立高校の合格発表日まで入学手続きを延期できる制度を持つ学校がある。この制度を「延納」という。このとき、入学金の一部を延納手続き時に納める制度を持つ高校があり、これを「延納手続き金」と呼ぶ。入学すれば、入学金に充当されるが、入学辞退の際には返金されないこともある。

■オープンスクール

学校を見学できる機会。施設の見学だけでなく、クラブ活動や授業の実際を体験できるのでこう呼ぶ。学校の雰囲気を自分の目で確かめることが可能。学校説明会と同時に開催するケースも多い。

■過去問題（過去問）

その学校が過去に実施した入試問題、いわゆるカコモン。各校それぞれに出題傾向や配点傾向があるので研究は欠かせない。第１志望校については5年はさかのぼって解いてみたい。学校で頒布・配付している場合もあるし、書店でも手に入る。解いたあと、その年度の合格最低点や設問ごとの得点分布などを参考にする。時間配分も身につける。

■学区

公立高校は、設置者が地方公共団

体なので、その都県の住民であることが入学資格となる。

また、その都県をいくつかの地域に分け、当該の学校に通学できる地域を分けることがあり、それを学区と呼ぶ。東京都立高校は、全都でどこの都立高校にでも通うことができるが、千葉県は学区を設けている。

私立高校の場合は基本的に学区を設けていないが、通学時間の指定で、通学地域を定めている学校もある。

■学校説明会

その学校の教育理念や教育方針、授業の実際やカリキュラム、系列大学への進学、大学入試に関する取り組み、大学進学実績、入試日や入試方式などについて、各高校が受験生、保護者を対象に行う説明会のこと。

施設や校内の見学もできる。学校へのアクセス方法なども含めて入試に関する下見をすることができる。

■キャリアガイダンス

社会的に自立するための進路指導のこと。最近の高等学校教育での進路指導では進学指導にとどまらず、生徒1人ひとりが自己を深く知り、未来像を描き、自己実現をめざすという、広い意味での進路学習となっている。このため、卒業生による講演や職場体験など幅広く企画が組まれる。進路への強い関心が進学へのモチベーションとなることが狙い。

■合格最低点

その学校の入試結果で、合格者のなかで最も低かった得点。各高校の過去の合格最低点を調べると、最低何点取れば合格できるかの参考となる。ただし、問題の難易度や競争率など、さまざまな要素により毎年変動するので、過去問を演習するときには、過去問に該当する、その年度の合格最低点を参考にすること。

■国立高校

国立高校は教員養成系の学部を持つ国立大学に附属する場合がほとんど。ごく一部を除き国立高校の生徒はその系列の大学へ進学する際に有利な要素は与えられず、外部からの受験生と同じ条件で受験する。

■先取り学習

学習指導要領で決まっている学年の単元よりも先に進んで学習すること。中高一貫教育校に高校から入った場合、このために授業進度が合わず、内進生と高入生が別クラスで学習するケースが多くなっている。

■サンデーショック

日曜礼拝を奨励するプロテスタント校が、例年は決まっている入試日が日曜日にあたった年には、入試日を前後の日にずらす。そのことによって、併願校の選び方などに例年とは違う動きが生じること。近年、このことをプラス思考で捉えて「サンデーチャンス」と呼ぶ例もある。

■習熟度別授業

生徒の学習進度に応じてクラスを分け、生徒個々の学習内容定着を促すことに配慮した授業のこと。学習進度に差が出やすい英語と数学で行っている学校が多い。

１９６０年代から、2クラス同時の授業を、進度で再編成した2クラスで行う英語授業などは行われていたが、現在ではさらに少人数で授業を行うようになっている。

■受験料

入学検定料や入学考査料とも呼ばれ、受験するために納める手数料のこと。国立高校1万円弱、公立高校２０００円強。

私立高校は各校それぞれだが、1回2万円〜2万５０００円。同じ学校を複数回受験する場合は減額や、免除される学校もある。

■少人数授業

習熟度別授業を行うために、クラスを再編成して、少ない生徒数で実施する授業のこと。

英語や数学の授業で、1クラスを2つに分ける、2クラスを3つに分けるなどが一般的だが、すでに英語が堪能な生徒や、数学の才能をさらに引き出すため、3人、4人といった少ない人数で選抜したクラスを設ける例もある。これは「取り出し授業」などと呼ばれる。

■書類選考型入試

面接や学力試験を課さず、調査書や模擬試験の結果などの出願書類のみで選考する入試のこと。神奈川県の私立高校から始まり、受験生の負担が少ないことから歓迎され、他都県にも広がりを見せている。

■シラバス　Syllabus

それぞれの学校で、具体的に「いつ、なにを、どのように」学習を進めるかを明記した冊子。語源はギリシャ語。「授業計画・進行計画書」と訳される。生徒側は年間の授業予定のうち、いま、なんのために、どこを学んでいるのかがわかりやすい。日本では大学から導入が始まり、中学・高校に広がった。

■推薦入試

その学校から示された推薦の条件（推薦基準）を満たしたうえで、在学している中学校長の推薦を受けて受験する。

私立高校では推薦入試を受験できる基準は各校により異なる。原則として学力試験は課さず、調査書や面接などで総合的に判断して合否を決める場合が多い。私立高校のなかには、中学校長の推薦を必要としない推薦入試や自己推薦を認めている学校もある。対する入試として「一般入試」がある。

首都圏の公立高校では、東京都立がこの方式を採用しているが、他の各県の公立高校では、近年、学力検査重視へと移行しており廃止するところが多くなっている。

■スライド合格

私立高校では、1つの学校に色々な「科」や「コース」が設けられているが、難度の高い、例えば「特進コース」を受験した場合、不合格でも同じ学校の1ランク難度が緩い、例えば「進学コース」に合格の資格が与えられること。

■前期選抜・後期選抜

推薦入試を自己推薦型に切り替えた公立高校は、だれでも受検できる入試となり、受験機会が2回ある制度となった。このタイプの府県では、従来の推薦入試である自己推薦型の入試を前期選抜、従来の一般入試を後期選抜と呼び、実質的に前期・後期制をとるようになった。近年、前期選抜でも学力検査を実施する府県が増えてきたが、さらに進んで前期・後期制を廃止し学力検査に一本化するところ（埼玉、神奈川など）も多くなってきた。

■専門学科高校

専門（学科）高校は、専門学科を持つ高校で、以前は農業・水産・工業・商業・家庭（被服・食物）・厚生・商船など、職業にそのまま結びつくような学科を持ち、職業高校とも呼ばれていた。近年の専門学科高校には、音楽・美術・体育などの芸術やスポーツに関する学科や、国際科・英語科などの外国語に関する学科もある。また、理数科のように、主要教科を、普通科よりもさらに重点的に学ぶ学科もあり、進学型の学科、学校として人気が高い。専門学科高校のなかには複数の学科やコースを持つ学校があり入試も別。

■総合学科高校

総合学科高校は、普通科、専門学科に次ぐ第3の学科高校として注目を集め、増加傾向にある。

1年次には共通必修科目を学んで、生徒個々の進路や興味、関心を明確にさせ、2年次以降は、生徒個々がさまざまな部門の学習系列を選択し、その系列に沿って、具体的な科目を選択する。

■単位制高校

学年で取得すべき単位が決まっておらず、生徒個々が3年間で必要な単位を取得していく。必修科目、選択科目のなかから、学年の枠を越えて必要な科目、興味や関心のある科目を選ぶことができるが、時間割を自ら作るため、安易に走ると学習習慣が身につかない。

■チームティーチング

1クラスの授業を2人以上の教員がチームを組んで教えること。英語でネイティブの先生と日本人の先生が組んだり、理科の時間に講義担当と実験担当の先生が組む例が多い。

■中高一貫教育校（中高一貫校）

中高を合わせた6年間、一貫した教育方針で、人間性と学力を養おうという教育目的がある。

高校入試を実施して、高校からの生徒を受け入れる学校は少なく、公立で中高一貫校が増えてきたため、その都県の公立高校募集定員が減ってしまう現象も伴っている。

■調査書（内申書）

受験生の中学校の学業成績や生活・活動などが記載されている。中学校の担任の先生が作成する。公立高校の一般入試では点数化され、合否判定の基準となる。

私立高校では、「調査書は受験時に参考にする程度」「ボーダーラインのときには評価の対象とする」「点数化して評価の対象にする」「通知表のコピーでも可」「不要」など学校によって異なる。

■特待生制度

私立高校で、入学試験や日常の成

績が優秀な生徒に対して、学費の一部や全額を免除する制度。

　本来は成績優秀者の学校生活が、経済的な理由で損なわれないようにすることが目的。学費の免除という形をとる場合が多い。返済の義務は課されないことがほとんど。

　入試得点で特待生を選ぶことも多いが、この制度を設けていることを募集対策の一環とする学校もある。

■2学期制

　学年期を2期に分け、9月までを1学期、10月からを2学期（前期・後期と呼ぶ学校もある）とする学校がある。始業式、終業式や定期試験の日数が減り、授業時間が確保できる。理解の確認は小テストを多くして対応している。

■入試相談・個別相談

　12月なかばから中学校の先生が私立高校へ出向き、高校の募集担当者と、受験生の合格可能性を相談する制度。生徒の氏名・内申・偏差値を提出し、単願、併願の出願について具体的に相談する。多くの場合、私立高校から中学校に基準が提示され、基準に合う生徒はほぼ内定となり、これを「単願確約」「併願確約」という名称で呼ぶ。

　首都圏では、埼玉県の私立高校はこの制度を実施できないので、生徒、保護者が直接、私立高校と相談する個別相談が行われている。

■倍率

　志願倍率（応募倍率）と実質倍率の2種がある。志願倍率とは、志願者数を募集人員（定員）で割ったもの。入試前に、競争率の参考にできる。しかし、志願しても実際は受験しなかったり、募集人員より多くの合格者を発表したりする学校があるので、実際の受験者数を合格者数で割ったものが実質倍率と呼ばれる。実質倍率は入試結果が出たあとに算出が可能になる。

■半進学校

　進学校的大学附属校。大学附属校でありながら、系列の大学以外の大学への進学志望者が多く、そのための受験体制も整っている高校のこと。「半附属校」も同じ意。

■評価

　高校入試で扱われる調査書のなかに、「各教科の学習の記録」という欄があり、観点別の学習状況の評価がABCの3段階で記入されている。

　例えば国語の観点別は「言語についての知識・理解・技能」「読む能力」「書く能力」「話す・聞く能力」「国語への関心・意欲・態度」の5観点となっている。

　都立高校の推薦入試では、調査書のうち、この観点別学習状況の評価（37観点ABC）、または後述の評定のどちらかを、各校がそれぞれ選んで選抜の資料としている。

■評定

　9教科それぞれの5段階評価。調査書には、各教科の学習の記録が記載されている。そこに評定欄があり1～5の5段階で各教科の点数が記入される。これを評定点（内申点）と呼び、5点×9教科で45点満点。

■部活動加入率

　在校生徒のうち、どれくらいの生徒が部活動に加入しているのか、その割合。

■文化・スポーツ等特別推薦

　文化やスポーツなどで優れた能力を持つ生徒対象の特別推薦制度。志願者は特別推薦を実施する学校の種目等から1種目を指定し出願する。各校は自校の教育活動の実績や特色などに基づいて基準を定め、面接、実技検査等で総合的に合否判断する。

■分割募集

　あらかじめ募集人数を前期と後期の2回に分けて選抜を行う制度で、東京都立高校では、分割前期募集は第一次募集と同じ日程、分割後期募集は第二次募集と同じ日程で行われる。分割後期募集の募集定員は全体の2割程度として各校が定める。

■併願

　受験日の異なる2校以上の高校に出願すること。第2志望以降の学校を併願校と呼ぶ。現在、首都圏の高校受験では、1人2～3校の併願が平均的。

■併願優遇制度

　私立高校の一般入試で、おもに公立高校を第1志望とし、公立が不合格だったらその私立高校へ入学するという条件で受験する制度。高校側が提示する条件（内申基準）をクリアしていれば、合格率は高くなる。

■偏差値

　学力のレベルが一定の集団のなか

での位置なのかを割り出した数値。絶対的なものではなく、あくまでも目安のひとつ。自分は同学年の受験者全体のなかで、どのくらいの学力位置にあるのか、また、その学校へ合格するために必要な学力レベルを知ることができる。

普通、25～75の数値で示される。平均は50。

■ボーダーライン

合格者の最低点が総得点の何％になるかを計算したもの。

入試でどのくらいの得点を取れば合格可能なラインに達するのかを知る目安になる。ただし、受験者の学力レベル、入試問題の難易などにより毎年変化するので、過去問を解く際には、その入試年のボーダーを確認すること。

■募集要項

各校が発行する「生徒募集に必要な事項」を記載したもの。募集人員、出願期間や試験日、試験科目、受験料、合格発表日、入学手続き、その費用などの情報が記されている。

■マークシート方式

採点時間短縮のため、入試の答案をコンピュータ処理している学校がある。そのため、解答を文章記述するのではなく、選択肢のなかから正しいものを選び、その番号をマークシートに塗りつぶす方式。

採点ミス防止のため、東京都立、神奈川公立高校が島しょを除き、学力検査で採用している。

■面接

面接は受験生の日常や性格などのほか、当該校の校風や教育方針を理解しているか、また、入学への意欲などを知るために行われる。学校によって面接をかなり重視するところと参考程度のところがある。

面接形態は受験生のみや、保護者のみ、保護者と受験生などのタイプがある。面接の方法も、個人面接、グループ面接などがある。

■模擬試験

模擬試験機関が行っている「高校入試」に模した試験。試験を受ける人数が多いほど結果の信頼性が高い。結果は偏差値という数値で示される。受験生の偏差値と学校の偏差値を見比べることで、合格可能性を探ることができる。

■リスニングテスト

おもに英語の入試で実施される。首都圏の国立・私立高校でリスニングテストを導入しているおもな高校は、**東京学芸大附属・青山学院・慶應女子・日本女子大附属・開成・早稲田実業**など。

このほか多くの公立高校でも英語で実施されている。また、千葉、青森、佐賀などの公立入試で国語の聞き取り検査が実施されている。

■類題

出題意図、解法手順などが似た問題。理科、数学で特に不得手な問題がある場合、類題で演習することには大きな効果がある。

6月号の答えと解説

問題 ▶ 熟語パズル

「外国語」や「目的語」などのように、「○○語」という三文字熟語を集めてみました。それぞれのヒントを参考に、リストの漢字を○に当てはめて16個の「○○語」を完成させましょう。最後に、リストに残った4つの漢字でできる四字熟語を答えてください。

1　○○語　カタカナで書かれることが多いので「カタカナ語」とも言う。

2　○○語　いくつもの意味をもっている。

3　○○語　「入学⇔卒業」「大きい⇔小さい」など、意味が正反対の関係にある。

4　○○語　助詞と助動詞。

5　○○語　夢のような、現実的でない話。

6　○○語　「おっしゃる」「めしあがる」など、相手を高める表現。

7　○○語　昨年は「インスタ映《ば》え」「忖度《そんたく》」が大賞になった。

8　○○語　文の成分の意味に限定や説明を加える語。

9　○○語　「いただく」「申し上げる」など、自分がへりくだる表現。

10　○○語　自分の国の言語。

11　○○語　「お菓子」「ご本」など、「お」や「ご」をつけて上品にする表現。

12　○○語　名詞や動詞のように、それだけで文節をつくることのできる単語。

13　○○語　言語を異にする国や種族の間でのコミュニケーションに使われる。

14　○○語　「です」や「ます」をつけて敬意を表す。

15　○○語　「こそあど言葉」とも言う。

16　○○語　「つるつる」「じろじろ」「こっそり」などの言葉。

化	外	擬	義	義	共	敬	謙	誤
行	行	国	錯	指	試	示	自	修
譲	飾	属	尊	多	対	態	丁	通
寧	美	付	物	母	夢	来	立	流

解答 ▶ 試行錯誤

解説

1～16の熟語は下の通りですから、リストには「誤」「行」「錯」「試」の4つの漢字が残ります。

1　外来語	2　多義語	3　対義語	4　付属語
5　夢物語	6　尊敬語	7　流行語	8　修飾語
9　謙譲語	10　母国語	11　美化語	12　自立語
13　共通語	14　丁寧語	15　指示語	16　擬態語

試行錯誤とは、「新しい物事をするとき、色々と試して失敗しながらも、次第に見通しを立てて、解決策や適切な方法を見出していくこと」を意味する語です。「試行」は試しに行うこと、「錯誤」は誤り・間違いを表します。英語ではtrial and errorといいます。

また、問題にある5の「夢物語」は、願望を語った現実性のない話を意味し、はかない話の意味でも使います。そのほか、文法用語の4の付属語と12の自立語、敬語の分類としての6の尊敬語と9の謙譲語と14の丁寧語、および11の美化語などの区別がしっかりつけられるように確認しておきましょう。

中学生のための 学習パズル

今月号の問題

数字の陣取り合戦

マス目に書かれている数字を手がかりに、マス目を長方形（または正方形）のブロックに区切っていくパズルです。ルールに従って、パズルを解いていきましょう。最後にA、Bが入ったブロックに書かれている数字の合計を答えてください。

●ルール

① 1つのブロックには、数字が1つ入る。

② 1ブロックのマスの数は、ブロック内の数字と同じである。

③ ブロックは必ず長方形（正方形も含む）になる（例えば「4」の場合は、1×4、2×2、4×1マスの3つのパターンの長方形が考えられる）。

例題

	4		4
		3	
	2		
3			

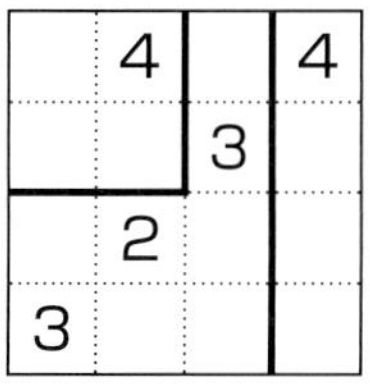

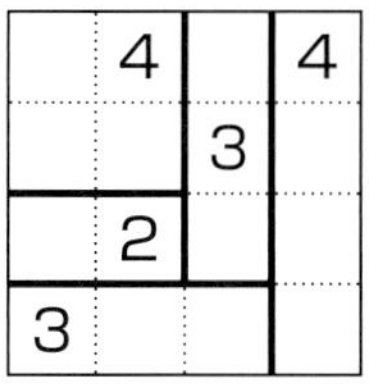

問題

			3			2	
			A				
	12						6
				9		2	
2							
		10					
4			4			4	
	3						2
3			12				
						B	2

応募方法

左のQRコードからご応募ください。
◎正解者のなかから抽選で3名の方に図書カード（1000円相当）をプレゼントいたします。
◎当選者の発表は本誌2018年10月号誌上の予定です。
◎応募締切日 2018年8月15日

6月号学習パズル当選者

全正解者26名

大野 群青さん（埼玉県さいたま市・中3）
高仲 隆平さん（東京都新宿区・中2）
唐 伊凡さん（埼玉県ふじみ野市・中1）

に挑戦!!

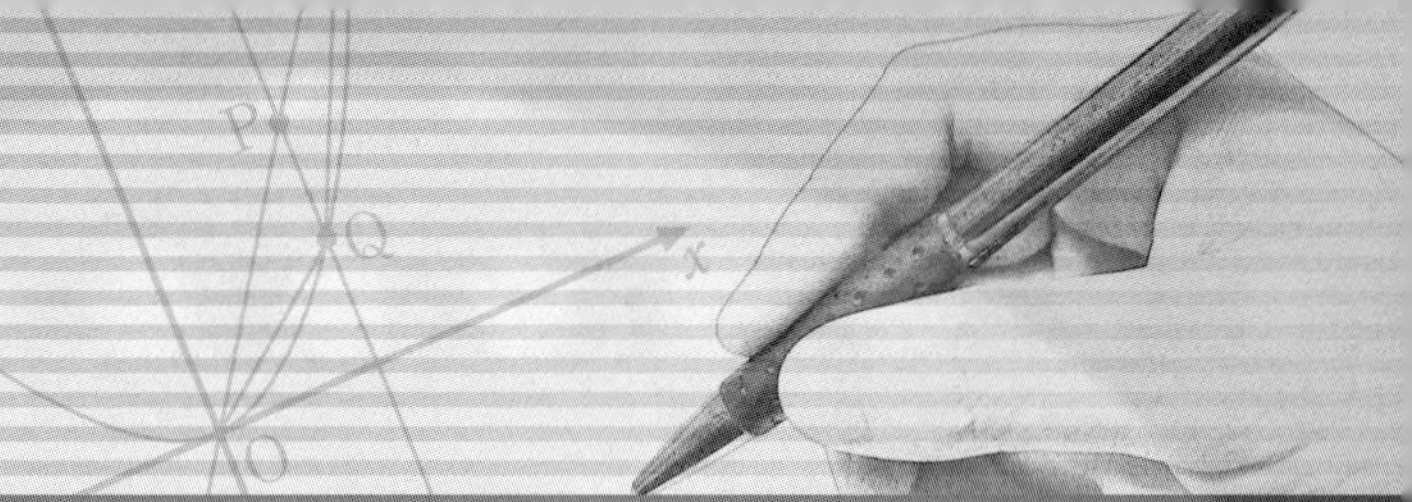

芝《しば》浦《うら》工《こう》業《ぎょう》大《だい》学《がく》柏《かしわ》高等学校

問題

放物線 $y=ax^2$ と直線 $y=2x+b$ が2点A，Bで交わり，点Bの座標は（2，8）である。
また，点Pは放物線上の $x>0$ を動く点とする。

(1)　a の値は $\boxed{ア}$

(2)　△ABPが∠A＝90°の直角三角形となるとき，
点Pの座標は $\left(\dfrac{\boxed{イ}}{\boxed{ウ}},\ \dfrac{\boxed{エ}}{\boxed{オ}}\right)$

(3)　(2)のとき，点Pから直線ABに下ろした
垂線の長さは $\dfrac{\boxed{カ}\sqrt{\boxed{キ}}}{\boxed{ク}}$

(4)　直線 $y=2x+b$ と y 軸との交点をCとする。
直線CPが△AOBの面積を二等分するとき，
点Pの x 座標は $x=-\boxed{ケ}+\sqrt{\boxed{コ}}$

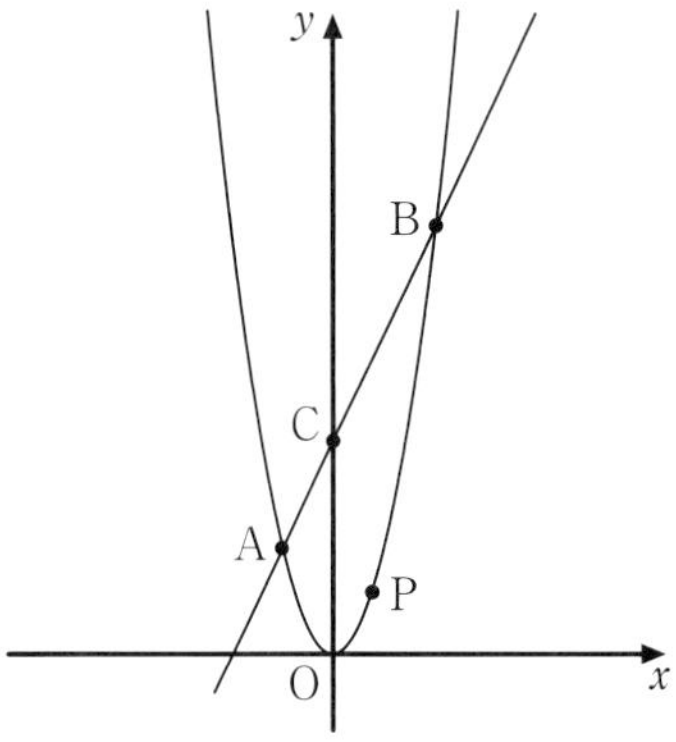

解答　(1) ア2　(2) イ3、ウ4、エ9、オ8　(3) カ7、キ5、ク8　(4) ケ1、コ3

- 千葉県柏市増尾700
- 東武野田線「新柏駅」徒歩25分またはスクールバス、JR常磐線・東武野田線「柏駅」スクールバス
- 04-7174-3100
- http://www.ka.shibaura-it.ac.jp/

学校説明会

8月25日（土）　14：00
8月26日（日）　14：30

増穂祭（文化祭）

9月22日（土）　12：00
9月23日（日）　10：00

入試説明会

9月22日（土）　10：00
10月21日（日）　14：30

成《せい》城《じょう》学《がく》園《えん》高等学校

問題

A．下線部の発音が次の見出し語と同じものをア～エから1つずつ選び、記号で答えなさい。

(1) busy　：ア．child　イ．enough　ウ．usually　エ．women

(2) flower　：ア．caught　イ．count　ウ．low　エ．stomach

(3) stopped　：ア．climbed　イ．liked　ウ．saved　エ．wanted

B．最も強いアクセントの位置が他の3つと異なるものをア～エから1つずつ選び、記号で答えなさい。

(1) ア．ad - vice　イ．gui - tar　ウ．nine - teen　エ．pa - tient

(2) ア．af - ter - noon　イ．ca - len - dar　ウ．en - er - gy　エ．the - a - ter

(3) ア．de - li - cious　イ．how - ev - er　ウ．im - por - tant　エ．se - ri - ous

解答　A (1) エ　(2) イ　(3) イ　B (1) エ　(2) ア　(3) エ

- 東京都世田谷区成城6-1-20
- 小田急小田原線「成城学園前駅」徒歩8分
- 03-3482-2104
- http://www.seijogakuen.ed.jp/chukou/

オール成城学園 オープンキャンパス

8月5日（日）　10：00～15：30

学校説明会

9月29日（土）　11月10日（土）
12月1日（土）
すべて14：00～16：00

文化祭

11月2日（金）　11月3日（土祝）
両日とも10：00～15：30

私立高校の入試問題

国《こく》学《がく》院《いん》大《だい》学《がく》久《く》我《が》山《やま》高等学校

- 東京都杉並区久我山1-9-1
- 京王井の頭線「久我山駅」徒歩12分
- 03-3334-1151
- http://www.kugayama-h.ed.jp/

久我山祭(文化祭)

9月23日(日祝)　9月24日(月振)
両日とも9：30～16：00

学校説明会

10月13日(土)
男子：13：30～15：00
女子：14：00～15：30
11月10日(土)
男子：14：00～15：30
女子：13：30～15：00

問題

下のテーマに沿って，できるだけたくさんの英文を自由に書きなさい。囲み内の語は英文を書くための参考です。これらの語を使っても使わなくても構いません。

英文のテーマ：将来の夢

future	when	because	will
become	practice	want	hard

解答例 My future dream is to be a nurse. I want to work in a hospital. I'll try to be kind to patients and take good care of them. Now I'm studying math very hard because it is difficult for me. I want to go to a university to realize my dream.

栄《さかえ》東《ひがし》高等学校

- 埼玉県さいたま市見沼区砂町2-77
- JR湘南新宿ライン・上野東京ライン「東大宮駅」徒歩8分
- 048-651-4050
- http://www.sakaehigashi.ed.jp/

学校説明会

9月8日(土)　10月13日(土)
11月10日(土)

進学相談会〈要予約〉

10月20日(土)　11月17日(土)
11月18日(日)　12月16日(日)

入試説明会

12月8日(土)

体験学習〈要予約〉

12月15日(土)

問題

図のように，点Oを中心とする円が三角形ABCの辺BC，CAとH，Iで接している。点Oは線分AH上にある。

また，AB＝15，BC＝14，CA＝13である。

(1) 線分CHの長さは ア である。

(2) 円の半径は $\dfrac{\boxed{イウ}}{\boxed{エ}}$ である。

(3) 線分HIの長さは $\dfrac{\boxed{オカ}\sqrt{\boxed{キク}}}{\boxed{ケコ}}$ である。

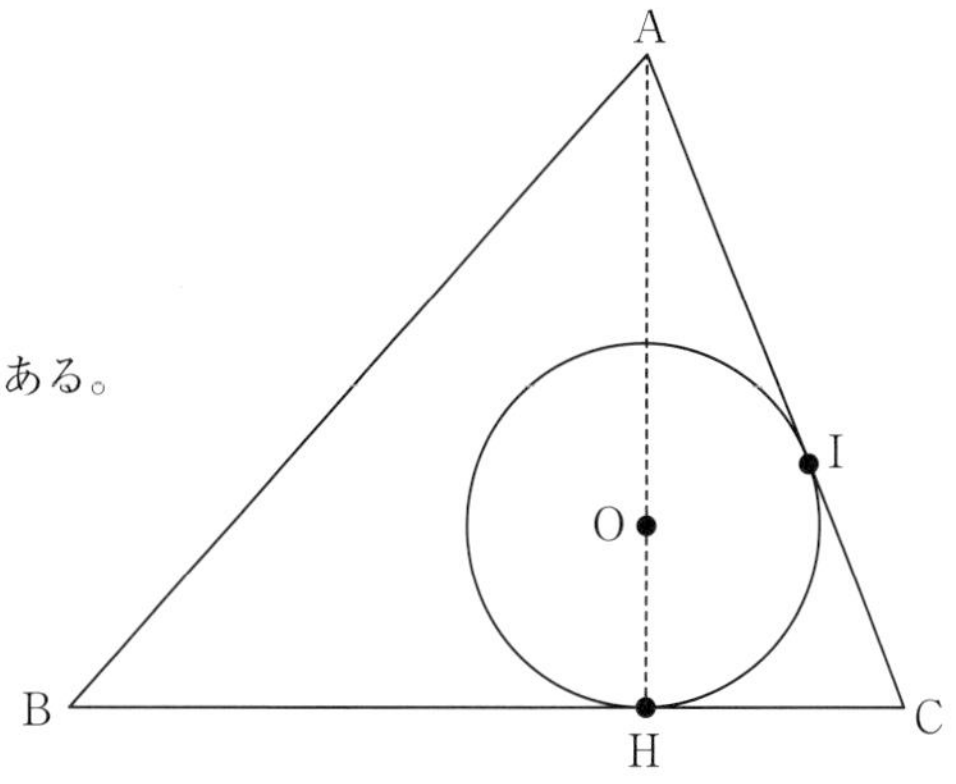

解答 (1) ア5　(2) イ1，ウ0，エ3　(3) オ2，カ0，キ1，ク3，ケ1，コ3

Letter Section

みんなの お便りコーナー

サクセス広場

テーマ

夏休みにしたいこと

お菓子作り！ 夏休み明けに祖母の誕生日があるので、ケーキを手作りしてプレゼントしたいです。
（中２・I.I.さん）

部屋の整理がなかなかできないので、夏休みに受験勉強に取り組む前に、思いっきり**部屋の整理**をしたい。
（中３・受験勉強マンさん）

学校の行事で行ってから、**登山**が好きになりました。高尾山はもう何回も登ったので、夏休みには違う山に登ろうと計画中です。
（中２・いまのうちさん）

夏休みの間に**イメチェン**して、夏休み明けにみんなをわっと驚かせたい。まずは髪をばっさり切って、ダイエットも頑張ります！
（中２・スリムクラブさん）

母が**ヨガ**にはまっていて気持ちよさそうなので、夏休みになったらいっしょにやってみようと思います。
（中１・身体はかたいけど…さん）

この前旅行で日光東照宮へ行ってから**世界遺産**に興味を持ったので、夏休み中に世界遺産について色々勉強する予定です。そして、９月の世界遺産検定を受検します！
（中２・めざせマイスターさん）

テーマ

技術の授業・好きな理由

作ったものを**家で活用できる**のが嬉しいです。技術の授業で作った戸棚を家で愛用しています。
（中３・こうちゃんさん）

パソコンの授業があって、家にパソコンがないぼくにとっては貴重だし、楽しい時間です！
（中２・機械オンチさん）

ハンダ付けって時間を忘れるぐらい熱中できるのでいいですよね。
（中３・ヤケド上等さん）

手先だけは器用なので、作品を友だちや先生にほめられると嬉しいです。技術の授業以外はあまりほめられることがないので…。
（中３・ほかは不器用…さん）

いままで触ったことのない**道具**を使えるところ。ノコギリとかハンダゴテとか、技術の授業で初めて触れました。使うのはちょっと怖かったけど、それらを使って色々なモノを作れて楽しかったです。
（中３・くらふとんさん）

テーマ

おすすめの映画

ディズニー映画が好きです。アニメももちろん好きですが、**「魔法にかけられて」**というアニメのなかから現実の世界に飛び出してきたお姫さまを描く映画もおもしろくておすすめです。
（中２・私もお城に住みたい！　さん）

「バック・トゥ・ザ・フューチャー」。タイムトラベルの映画です。未来の世界として2015年が描かれているのですが、車が空を飛んでいます。いまはまだ飛んでないけど、いつかこんな時代がくるのでしょうか？
（中３・未来さん）

「グレイテスト・ショーマン」。観ると勇気と感動をもらえるし、元気になれますよ。
（中２・サカスさん）

「帝一の國」はイケメンがたくさん出てるので女子におすすめです。でも男同士の友情にぐっとくるから男子が見てもおもしろいと思います。
（中３・菅田くんファンさん）

「アベンジャーズ」シリーズ最高です。おもしろいうえに派手なのに、色々考えさせられるんですよ。
（中３・マイマンアンさん）

必須記入事項

A／テーマ、その理由　B／郵便番号・住所
C／氏名　D／学年　E／ご意見、ご感想など

右のQRコードからケータイ・スマホでどしどしお寄せください！
住所・氏名は正しく書いてください。
ペンネームは氏名のうしろに(　)で書いてネ！
【例】サク山太郎（サクちゃん）

Present!! 掲載された方には抽選で３名に**図書カード**をお届けします！
（500円相当）

募集中のテーマ

「尊敬する偉人」

「日常の素朴な疑問」

「好きなスポーツ」

応募〆切 2018年８月15日

ここから応募してね！

ケータイ・スマホから上のQRコードを読み取って応募してください。

掲載にあたり一部文章を整理することもございます。個人情報については、図書カードのお届けにのみ使用し、その他の目的では使用いたしません。

世間で注目のイベントを紹介

サクセス イベントスケジュール

7月〜8月

季節の果物 スイカ

暑い季節になると食べたくなるスイカ。緑と黒の縞模様の果皮に赤い果肉が定番だが、果肉の黄色いものや、果皮に縞模様のない品種もある。ここでは果物として紹介しているけれど、農林水産省ではスイカのような一年生植物は野菜として取り扱っているんだ。

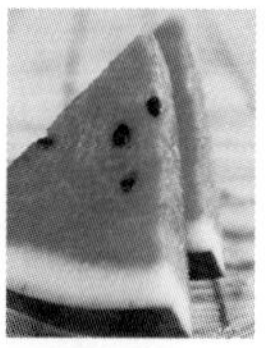

1 \\史上最大級の大回顧展//

没後50年 藤田嗣治展

7月31日(火)〜10月8日(月祝)
東京都美術館

エコール・ド・パリ（20世紀前半にパリで活躍した画家たち）の１人として知られる藤《ふじ》田《た》嗣治《つぐはる》（レオナール・フジタ）。その没後50年の節目に史上最大級の大回顧展が開催される。藤田の作風を表す代名詞とも言える「乳白色の下地」による裸婦が10点以上展示されるなど、画業を振り返るのにふさわしい精選された作品が100点以上集結する。Ⓟ５組10名

2 \\世界一強い女の子、ピッピ//

長くつ下のピッピ™の世界展

7月28日(土)〜9月24日(月振)
東京富士美術館

『長くつ下のピッピ』をはじめ、『やかまし村の子どもたち』や『ちいさいロッタちゃん』など、多くの子ども向け作品を生み出したアストリッド・リンドグレーン。世界中で愛され続けるリンドグレーンの作品とその人物像を、貴重な原画や原稿、愛用品といったさまざまな品々の展示を通して紹介。大人も子どもも楽しめる展覧会だ。Ⓟ５組10名

3 \\琉球、独自の美//

琉球　美の宝庫

7月18日(水)〜9月2日(日)
サントリー美術館

沖縄がかつて琉球王国であったことはみんなも知っているよね。多くの島々からなる海上王国であった琉球は、海上交易を通じて独自の文化を発展させた。この展覧会では、そんな琉球の美の世界に注目し、紹介する内容だ。紅型などの琉球の染織、琉球絵画、琉球国王尚《しょう》家の品々、琉球漆芸など、華やかな美の宝庫・琉球王国の輝きを堪能できる。

4 \\水に注目した展覧会//

企画展
水を描く
―広重の雨、玉堂の清流、土牛のうずしお―

7月14日(土)〜9月6日(木)
山種美術館

暑い夏の季節、涼を求めるなら美術館がおすすめ。山種美術館で開催中の「水」をテーマにした美術作品を見て、心も身体も涼しくなろう。展覧会では、江戸時代の浮世絵から近代・現代の日本画まで、水が描かれた作品を厳選して紹介。川の流れや雨、滝、鳴門海峡の渦潮など、さまざまに形を変える「水」の表現の幅広さを感じてほしい。

※会期中、一部展示替えあり

5 \\デザインを全身で体感//

企画展
「デザインあ展 in TOKYO」

7月19日(木)〜10月18日(木)
日本科学未来館

身の回りにあるモノのデザインのおもしろさを伝えるNHK Eテレの人気番組「デザインあ」が、体感できる企画展となって登場。「観察のへや」「体感のへや」「概念のへや」に分かれ、多彩な展示を通じて「みる」「考える」「つくる」ことが生み出す豊かさを考える内容だ。遊びながら楽しめる作品も多いので、夏休みの行楽にもおすすめ。Ⓟ５組10名

6 \\漫画界の鬼才、浦沢直樹//

浦沢直樹展
描いて描いて描きまくる!
―埼玉の巻―

7月7日(土)〜9月2日(日)
埼玉県立近代美術館

『YAWARA!』『Happy!』『MONSTER』『20世紀少年』など、大人気作品を生み出し続ける漫画家として知られる浦沢直樹の創作活動を紹介する展覧会が埼玉県立近代美術館で開催中だ。迫力ある直筆原稿、ストーリーの構想メモ、イラストやスケッチ、少年時代の漫画ノートなど、膨大な数の資料から、浦沢の創作に込める熱意を体感できる内容だ。

招待券プレゼント! Ⓟマークのある展覧会・イベントの招待券をプレゼントします。69ページ「学習パズル」にあるQRコードからご応募ください。（応募締切2018年8月15日）。当選者の発表は賞品の発送をもってかえさせていただきます。

Success15 Back Number

サクセス15 バックナンバー 好評発売中！

2018 7月号

高校の修学旅行で学べること

「新聞」の読み方講座

大学研究室探検隊 東京工業大 灘岡研究室

FOCUS ON 埼玉県立大宮

2018 6月号

平成の30年を振り返る

「IT」ってなんのこと？

SCHOOL EXPRESS 筑波大学附属

FOCUS ON 埼玉県立春日部

2018 5月号

英語長文読解のコツを伝授

日本と世界の民族衣装

SCHOOL EXPRESS お茶の水女子大学附属

FOCUS ON 東京都立立川

2018 4月号

大学附属校と進学校の違いを知ろう

東京名建築案内

SCHOOL EXPRESS 開成

FOCUS ON 千葉県立千葉

2018 3月号

4月までにやっておきたい教科別学習のポイント

「研究者」にズームイン

大学研究室探検隊 東京理科大 杉山研究室

FOCUS ON 東京都立日比谷

2018 2月号

勉強法から心がまえまで最後に差がつく入試直前期

地下鉄のいままでとこれから

大学研究室探検隊 東京工業大 山元研究室

FOCUS ON 埼玉県立浦和第一女子

2018 1月号

コツコツ身につける「書く力」の伸ばし方

入試本番までの体調管理法

SCHOOL EXPRESS 早稲田実業学校

FOCUS ON 東京都立青山

2017 12月号

知的好奇心をくすぐる高校の実験授業

「色」の世界をのぞいてみよう

大学研究室探検隊 東京大 廣瀬・谷川・鳴海研究室

FOCUS ON 千葉県立東葛飾

2017 11月号

魅力あふれる東京大学

モノのインターネット"IoT"

SCHOOL EXPRESS 早稲田大学本庄高等学院

FOCUS ON 埼玉県立浦和

2017 10月号

勉強と部活動両立のヒント

「考古学」ってこんなにおもしろい！

大学研究室探検隊 東京大 中須賀・船瀬研究室

FOCUS ON 神奈川県立横浜緑ケ丘

2017 9月号

思考力・判断力表現力の磨き方

映像技術はここまで進歩した！

SCHOOL EXPRESS 早稲田大学高等学院

FOCUS ON 東京都立国立

2017 8月号

目で見て肌で感じよう学校発イベントの歩き方

科学に親しむためのおすすめ書籍

大学研究室探検隊 早稲田大 菅野研究室

FOCUS ON 神奈川県立横浜翠嵐

2017 7月号

魅力イロイロ 違いもイロイロ首都圏の国立大学12校

世界を驚かせた近年の科学ニュース

大学研究室探検隊 東京大 宮本研究室

FOCUS ON 東京都立戸山

2017 6月号

個別の大学入試も変化している

和算にチャレンジ

大学研究室探検隊 慶應義塾大 大前研究室

FOCUS ON 東京都立西

2017 5月号

先輩に学び、合格をめざせ！高校受験サクセスストーリー

重要性が高まる英語検定

SCHOOL EXPRESS 神奈川県立湘南

FOCUS ON 埼玉県立川越

2017 4月号

知っておこう英語教育のこれから

あの天文現象の仕組みを教えます

SCHOOL EXPRESS MARCHの附属・系属校

FOCUS ON 神奈川県立柏陽

これより前のバックナンバーはホームページでご覧いただけます（http://success.waseda-ac.net/）

How to order バックナンバーのお求めは

バックナンバーのご注文は電話・ＦＡＸ・ホームページにてお受けしております。詳しくは88ページの「information」をご覧ください

さくいん

＜コーナー名＞

＜本文中記事＞

○ 目標・目的から逆算された学習計画

MYSTA・個別進学館は早稲田アカデミーの個別指導ブランドです。個別指導の良さは、一人ひとりに合わせた指導。自分のペースで苦手科目・苦手分野の学習ができます。しかし、目標には必ず期日が必要です。そこで、期日までに必要な学習内容を終えるための、逆算された学習計画が必要になります。早稲田アカデミーの個別指導では、入塾の際に長期目標／中期目標を保護者・お子様との面談を通じて設定し、その目標に向かって学習計画を立てることで、勉強への集中力を高めるようにしています。

○ 集団授業のノウハウを個別指導用にカスタマイズ

MYSTA・個別進学館の学習カリキュラムは、早稲田アカデミーの集団授業のカリキュラムを元に、個別指導用にカスタマイズしたカリキュラムです。目標達成までに何をどれだけ学習するかを明確にし、必要な学習量を示し、毎回の授業・宿題を通じて目標に向けて学習し続けるためのモチベーションを維持していきます。そのために早稲田アカデミー集団校舎が持っている『学習する空間作り』のノウハウを個別指導にも導入しています。

○ 難関校にも対応

MYSTA・個別進学館は進学個別指導塾です。早稲田アカデミー教務部と連携し、難関校と呼ばれる学校の受験をお考えのお子様の学習カリキュラムも作成します。また、早稲田アカデミーオリジナルの難関校向け教材も、カリキュラムによっては使用することができます。

お子様の夢、目標を私たちに応援させてください。

無料 個別カウンセリング 受付中

その悩み、学習課題、私たちが解決します。

個別相談時間 30分～1時間

勉強に関することで、悩んでいることがあればぜひ聞かせてください。経験豊富なスタッフが最新の入試情報と指導経験をフルに活用し、丁寧にお応えします。 ※ご希望の時間帯でご予約できます。お電話にてお気軽にお申し込みください。

Success15
8月号

表紙画像提供：豊島岡女子学園高等学校

FROM EDITORS

今月号の特集はどちらも夏休みにぴったりな企画です。1つ目の特集で取り上げた大学博物館は、私もいくつか行ったことがあり、そのとき楽しかった記憶があるのでみなさんにぜひ紹介したいと思っていました。今回紹介した以外にも色々とユニークな大学博物館があるので、夏休みにどんどん出かけてみてください。

もう1つの姿勢特集は、読者のための企画と言いつつ、猫背歴約20年の私もちゃっかり勉強させてもらいました。特集を通して学んだストレッチを実践して、猫背とおさらばしたいと思います！　みなさんも2学期からより集中して勉強に取り組むためにも、夏休みの間に「正しい姿勢」をマスターしてみてくださいね。　　　（T）

NEXT ISSUE 9月号

SPECIAL 1

これだけは絶対暗記！
中学社会の年号一覧

SPECIAL 2

日本の国立公園特集

大学研究室探検隊vol.9

FOCUS ON

神奈川県立川和高等学校

※特集内容および掲載校は変更されることがあります

INFORMATION

『サクセス15』は全国の書店にてお買い求めいただけますが、万が一、書店店頭に見当たらない場合は、書店にてご注文いただくか、弊社販売部、もしくはホームページ（右記）よりご注文ください。送料弊社負担にてお送りします。定期購読をご希望いただく場合も、上記と同様の方法でご連絡ください。

OPINION, IMPRESSION & ETC

本誌をお読みになられてのご感想・ご意見・ご提言などがありましたら、ぜひ当編集室までお声をお寄せください。また、「こんな記事が読みたい」というご要望や、「こういうときはどうしたらいいの」といったご質問などもお待ちしております。今後の参考にさせていただきますので、よろしくお願いいたします。

サクセス編集室 お問い合わせ先

TEL：03-5939-7928　FAX：03-5939-6014

高校受験ガイドブック2018 8 サクセス15

発　行　2018年7月14日　初版第一刷発行
発行所　株式会社グローバル教育出版
〒101-0047 東京都千代田区内神田2-4-2
TEL 03-3253-5944
FAX 03-3253-5945
http://success.waseda-ac.net
e-mail　success15@g-ap.com
郵便振替口座番号　00130-3-779535
編　集　サクセス編集室
編集協力　株式会社 早稲田アカデミー